「つい、うっかり」から
「まさか」の
失敗学へ

中尾 政之 著

日科技連

まえがき

■知らぬ間に社会が大きく変化している

　ハタと気づくと自分の知らぬ間に社会が大きく変化していた、ということは多い。

　たとえば、筆者の研究室の先代である畑村洋太郎先生(筆者の18歳年上)は、学生の仲人を16組も行って「それも教授の仕事のうち」とおっしゃっていた。ところが、2013年現在、54歳になる筆者を含めて、自分より若い教授たちの仲人経験は見事にゼロである。これは、「日本の結婚式に仲人は存在しない」という時代に変わった一例である。また、2006年、22歳の福岡市職員の飲酒運転によって幼い3児がなくなった事故を契機に、飲酒運転だけでなく若者の飲酒まで世間の見る目が厳しくなり、ついに大学も未成年の飲酒には厳罰をもって対処するようになった。つまり、「お酒は大学に入ってから」という古き良き時代ではなくなった。1922年制定の未成年飲酒禁止法という有名無実の法律が復活し、今や新歓コンパで教授が1年生に飲ませたら、即、クビになる。

　そういえば、1999年の桶川ストーカー事件も変化点であり、これを契機に、警察は「民事不介入」と言い訳して市民の告訴から逃げることができなくなった。その結果、研究室の男子学生が失恋したときも、教授は「顔で笑って腹で泣け」と寅さんみたいに諭さなければならなくなった。仮に、彼が未練がましく付きまとうことで女子学生が訴えれば、セクハラ相談室から教授が指導不行き届きだと怒られ、ヘタをすれば警察沙汰になる。また、昔は大学の先生も、感情に任せて"いじめ"をやっていた。でも今は、仮に若い教員が「君の不注意で100万円の装置が壊れたではないか！　弁償しろ！」と学生に言ったら最後、"アカハラ"（アカデミックハラスメントの略称）で懲戒免職になりかねない。失

敗学の教訓は「金額を言ったら終わり」である。言ったばかりに親から訴えられて、人知れず異動になった若い教員も実際にいた。

　仲人の存在も未成年飲酒も、民事不介入もいじめも、これまでは「何かおかしいなあ」と思いつつ、皆が「そんなものだ」と諦めて放置していた問題である。本書では、この放置されたリスクを"地雷"と呼ぶが、それを間違えて踏んだときに「まさかっ！　そんな失敗が起きるとは……」と驚くのである。でも、よく考えれば、"地雷"は見えずとも、それが埋まっていそうな場所はなんとなく認識できるし、対処も可能である。ただこれまでは、「"地雷"の放置を世間様は許してくれる」と甘く思い込んで、その先を考えなかっただけである。

　これから100年後の歴史学者が、2013年頃の日本をどのように分析するだろうか。1945年以後の高度成長時代と、今後の低成長時代との屈曲点として、時代の大きな変化を見つけるのだろうか。この時代に生きる人間として、事件や事故が起きてから受動的に対処するのではなく、起きる前にリスクを考えて、能動的に日本の仕組みを変えることができないのだろうか。島崎藤村の『夜明け前』の青山半蔵のように、馬籠宿の前を行ったり来たり時代が流れているのを店の奥から見ているだけでは、精神的に参ってしまうのが関の山である。書を捨てよ、町に出よう。

■若者の生き方も大きく変わってきている

　近頃の学生には結構、優秀な学生が多い。彼らは20世紀型の生き方ではなく、自分流の生き方を貫こうとしているように見える。

　たとえば、まず、海外やNPOで働いてみるといった姿勢だ。オジサンから見るとすごいことである。経歴を連続させるために、卒業1年前に就職活動して内定をもらうなんて、世界中、日本だけである。欧米では卒業してからインターンシップで就業体験をして、学生と会社の相互で"お見合い"して決める。先日、訪問したドイツの研究室では、学生

の半数が国外の会社や企業で半年以上修行していた。筆者の研究室（学生総員17名）でも、昨年（2012年）は1人がスイスに長期のインターンシップに行き、7人が学会発表ついでに海外の研究室に転がり込んでいる。海外で2年ぐらい修行してから日本の会社に入っても、35歳以下ならば出世に支障はない。10年後には、"就活"も仲人と同じように絶滅しているかもしれない。

　考えてみれば、筆者ぐらいの年代のオジサンは、就職するときに「来年、その会社が消える」とはまったく思わなかった。ひたすら会社の成長を信じ、無邪気なものだった。しかし、今や日立みたいな大会社に入社できても、翌年は配属された部門が三菱や東芝と合併しているかもしれない。身売り先が日本の会社ならば日本語が通じるから喜ぶべきことである。相手がもし中国やインドの会社だったら、どうすべきだろうか。

　将来も、過去と同じような豊かな生活が送れるとは限らない。母国の日本も、自分の会社も、そして自分自身も、"一寸先は闇"というのは同じである。しかし、そこで不安がって引き籠もってはいけない。「いつ切れても悔いなき人生を送る」ことを目指して、やりたいことを決めて表に出ないとならない。会議で黙っているなんてもってのほかである。つまり、「自分で考えて自分で決定できる人間」になるように自己変革すべきである。低成長時代でも、個人的には浮き沈みがある。せめて、自分だけは手足をもがいて、浮くように頑張るべきである。

　もちろん、オジサン世代にも、「自分で考えて自分で決定できる人間」は存在する。どちらかというと、筆者のように、要らぬことを言って組織の"鼻摘み者"になっているものの、組織を変革している人にこのタイプが多い。こうしたタイプになるには特別なことは必要ない。普通に暮らしていても、自己変革のトレーニングはできるのである。たとえば、大学の研究において「私は次に何の実験をやればいいのでしょうか」という受動的な哀願は止め、「私は次にこういう実験をやりたいのですが、

お金を使っていいですか」という能動的な提案を繰り返せばよい。このように、普段から「次の宴会は焼肉食べ放題にトライしよう」「皆で九州の工場を見学して、ついでに観光しよう」「留学生を呼んできて英語で討論しよう」とか計画を出しまくればよい。そして、その話に周りの人間を乗せて、仲間を動かせばよいのである。

■ "地雷"の存在を感じ、その撤去作業を始めよう

　過去の常識にとらわれずに自分で考えると、先述した放置リスクの"地雷"も容易に感じ取れるようになる。また、リスクだけでなく、発明・発見や新商品開発のチャンスを"違和感"として感じ取れるようになる。

　たとえば、政府の委員会に出席したときのことである。2013年2月に長崎のグループホームが燃えて5人が亡くなったが、その火元とされたTDK製の加湿器は、1999年にリコールを出したのに未だに製造台数(約2万台)のうち、3割が未回収である。この対策が議題になった。この事件の"地雷"は、購入者・使用者を必ず登録させたいのに、通常行われるお知らせの郵送やメールの送信だけでは不完全であったことに尽きる。製品が事故を起こした後でチラシを配り、テレビのCMで喚起しても、パナソニック製の石油暖房機と同様に、全機回収はどだい、無理である。そこで筆者の脳裏にチカチカと"違和感"が点滅した。筆者が室長をしている東大工学部の安全衛生管理室では、工学部中の教育・実験用全装置・全薬品のネット登録を目指している。現在、リスクの高いものは登録済みで、そのビッグデータを検索して安全衛生管理室が使用者に点検を周知している。それと同じことをやればよい。登録は、購入時に国民番号を入れたICカードをスイカのようにピッと当てる"瞬間ネット登録装置"を作ったら簡単にできる。これはビッグデータ・ビジネスとしてチャンスである。このように委員会で得々と述べたら、

課長代理に「過激だなあ」と言下に却下された……。

　リーマンショックから東日本大震災を経て、日本社会が大きく変わってきたことを、本書では、"つい、うっかり"の失敗だけではなく、"まさか"の失敗と"まさか"の成功に注目して述べている。新聞でも、潮目が変わったと言っているが、そのとおりであり、右に流れていた水が逆方向の左に流れていくように感じる。

　失敗学を研究課題にしていると、多くの失敗事例が自然と集まるようになる。本書ではそれらを分析して、失敗学の窓から社会の潮目を眺めている。

　20世紀後半の日本の製造業では、「滑った、転んだ、忘れた、サボった」の"つい、うっかり"の失敗ばかりが議論されていた。しかし、ハタと気づくと、"つい、うっかり"ではなく、「"まさか"の失敗を予防せよ」と世間様は急かすのである。まるで一晩でオホーツクの海岸に流氷が流れてきたかのように、東日本大震災が起きて社会が大きく変わった。今こそ、"地雷"撤去作業を始めるべきである。社会は待ってくれない。

2013年5月

　　　　　　　　　　　　　東京大学大学院　工学系研究科　機械工学専攻
　　　　　　　　　　　　　　　　　　　教授　中尾　政之

目　次

まえがき ……………………………………………………………………… iii

第1章　工学部の教授から若者へ─若者よ、エンジニアになろう─ … 1
1.1　東日本大震災を見て過去を振り返った ………………………… 2
1.2　低成長時代でも、個々の企業の浮き沈みは大きい …………… 4
1.3　現代人はたくさんの"家僕"に助けられている ………………… 6
1.4　日本の製造業も"地産地消"になった …………………………… 8
1.5　日本の製造業は日本人だけのものではなくなった …………… 10
1.6　日本は貿易でなく、投資で稼ぐようになった ………………… 12
1.7　日本人エンジニアの強みは"正直"である ……………………… 16
1.8　日本人も失敗防止のブレーキだけでなく、成功促進のアクセルを踏もう … 19
1.9　日本人の若者の報酬を高くして仕事を安定させよう ………… 20
1.10　労働者の不安を取り除こう ……………………………………… 26

第2章　最近、失敗学も変化した ……………………………………… 31
2.1　東日本大震災が、皆の興味を引くような失敗を変えた ……… 32
2.1.1　設計に埋め込まれていた"地雷"から、「まさか」の失敗が起きる … 32
(1)　「つい、うっかり」の失敗よりも「まさか」の失敗が注目されるようになった …………………………………………… 32
(2)　設計のアチコチに"地雷"が隠されている …………………… 34
(3)　「まさか」の失敗は、放置された"地雷"から起きる ……… 35
2.1.2　"地雷"撤去の必要性は社会が決める ……………………… 37
(1)　リスクとベネフィットのバランスは社会が決める ……… 37
(2)　日本の製造業における最大の地雷は"寿命"である。 …… 38

目　次

2.1.3 "ガチンコ"の実戦訓練を行えば、"地雷"の隠し場所がわかる …… 40
 (1) "予定調和の訓練"を実施している限り「まさか」の失敗は防げない …… 40
 (2) 大学だって"実戦訓練"でわかることはたくさんある …… 44
 (3) 「まさか」の失敗が会社を潰す …… 47
2.2 日本の安全と品質は、相対的に劣化した …… 48
 (1) 「つい、うっかり」の失敗防止や、小集団活動的な品質改善で追いつかれた …… 48
 (2) 大学で企業の先端研究を請け負う …… 48
 (3) 日本の安全・品質は、世界のなかで相対的に弱くなった …… 50
 (4) 日本の大学の研究・教育レベルも相対的に弱くなった …… 51
2.3 日本の安全・品質を高めるのは、違和感をもった変人である …… 53
 (1) 日本の製造業の将来像は、ヨーロッパの製造業であろうか …… 53
 (2) "違和感"に気づくエンジニアは工業デザインも理解できる …… 56
2.4 競争よりも協力でモノ作りする …… 58
 (1) 違和感をもった若者を潰さないで欲しい …… 58
 (2) 競争させれば人間が強くなるとは限らない …… 59
 (3) 若者を安定して雇用できる社会を作ろう …… 61
 (4) 正直に働けば日本のエンジニアは低成長時代を楽しく生きていける …… 64

第3章　福島第一原発の事故に"勝利の方程式"はあったのか …… 67
3.1 勝利の方程式は存在した …… 68
3.1.1 大津波が来たら、お手上げだったわけではない …… 68
 (1) 原発のプロは勝利の方程式を知っていた …… 68
 (2) 福島第一原発の沸騰水型原子力発電所はこんな形をしている …… 71

(3) 停止時には原子炉を冷却しないとならない ················ 75
　(4) 原発は電気がないと身動きできない ····················· 77
3.1.2 福島第一原発の事故を失敗学で分析する ··············· 79
　(1) 多くの事故調査報告書が入手できるが、技術的な内容は似ている ·· 79
　(2) 組織的な内容になると、報告書ごとに少しずつ解釈が異なる ·· 83
　(3) 報告書を読むと頭がこんがらがってくるが、それにも理由がある ·· 85
　(4) とにかく、それぞれの原発ごとに少しずつ設計が異なる ······· 87
3.1.3 冷温停止に至る時系列的なシナリオを抽出する ············ 89
3.1.4 事故回避の"勝利の方程式"は存在した ················ 102
3.2 原発の設計において、エンジニアは何を考え落としていたのか ··· 104
3.2.1 緊急停止設計の何が想定外だったのか ··················· 104
3.2.2 「冷やす」と「閉じ込める」は干渉設計だった ············ 107
3.2.3 「閉じ込める」が破綻した後の再生対策も想定外だった ······ 110
　(1) 閉じ込めの破綻後の処理は何も考えていなかった ·········· 110
　(2) 事故で漏洩した放射線量を定量的に解析する ············· 112
3.3 単純な判断ミスも起きたが、これらも想定外だったか ············ 116
3.3.1 バックアップのエンジニアは有効な助言を現場に与えなかった
　　　 ·· 116
3.3.2 非常用復水器の津波後の停止を予見し、再稼動できたか ····· 117
　(1) 非常用復水器が津波後に再起動したのに、止めてしまった ···· 117
　(2) 非常用復水器は本当に再起動していたのか ················ 119
3.3.3 3号機の高圧注水系を、減圧を確認せずに運転停止した ······ 120
3.3.4 2号機の消防車の燃料切れはうっかりミスか ··············· 122
3.3.5 ブローアウトパネルの固定を強化して水素爆発を助長した ··· 123
3.4 つまり、福島第一原発事故のどこまでが想定外か ················ 125

目　次

　　(1)　福島第一原発の想定外と想定内の閾値は結局、どこだったのか ……… 125
　　(2)　福島第一原発ではバルブを絶対に開けたい場面で開けられなかった ……… 128
　　(3)　本章を書いた経緯を述べるが、何とも空しい ……… 131

第4章　"複雑設計"による「まさか」の失敗が世の中に蔓延する … 133
4.1　複雑設計は人事を超える ……… 134
4.2　コンピュータが複雑設計を引き起こす ……… 135
　　(1)　いまや機械には必ず"脳"としてコンピュータが搭載されている ……… 135
　　(2)　コンピュータを使うと、複雑設計になってしまう ……… 137
　　(3)　コンピュータシステムが、ゆっくりとシステムダウンする ……… 139
　　(4)　ソフトウェアに"地雷"が埋まっている ……… 142
4.3　化学反応や細菌増殖は、ときとして暴走して手に負えなくなる … 144
　　(1)　コンピュータでも全部をシミュレーションできない ……… 144
　　(2)　福島第一原発事故と同じように、停電が暴走の起点となる ……… 147
　　(3)　インフルエンザパンデミックはいつどこから起きてもおかしくない … 152
4.4　停滞した社会は互いに絡みつき、構造疲労で倒れる ……… 154

第5章　新商品のデザインは知識外の違和感から思考が始まる …… 159
5.1　「まさか」の失敗と期待以上の成功は心理的障壁を排して生まれる … 160
　　(1)　「まさか」の成功は、マイナーチェンジの成功とちょっと違う ……… 160
　　(2)　「まさか」の成功は、過去の知識に頼りきる秀才からは生まれない ……… 161
　　(3)　「まさか」の成功は、心理的障壁を乗り越えた天才から生まれる ……… 162

5.2 日本の安全・品質を高めるのは、違和感をもった変人である 163
　(1) 違和感をもつことで、新しい局面が開ける 163
　(2) 芸術の教育方法は、工学の教育方法と根本的に異なる 165
5.3 工業デザイナーが仕事をするとき、思考の起点はどこにあるか 167
　(1) 工業デザイナーは、設計時に要求機能も考える 167
　(2) 顧客の期待以上の成功品は、何を起点に設計したか 169
　(3) 心理的障壁を越えて新たな設計解に挑戦すると、成功する 171
5.4 攻めの失敗学を目指す 173

あとがき 175

参考文献 184
索　引 188

第1章

工学部の教授から若者へ
―若者よ、エンジニアになろう―

第 1 章　工学部の教授から若者へ──若者よ、エンジニアになろう──

1.1 東日本大震災を見て過去を振り返った

「まさか、そんなことってあるの……」

2011 年 3 月 11 日、岩手県三陸を襲った大津波の映像を見た読者の皆様ならばそう感じたのではないだろうか。しかし、これは千年単位の日本の歴史で見れば、偶然ではなく、必然の話であった。

その昔、江戸時代の 1707 年に、日本では M8.7 の宝永地震(東南海地震)と同時に、富士山の宝永大噴火が起きた。ちょうどその災害をきっかけにして、安土桃山時代(1568 年～ 1600 年)から元禄時代(1680 年～ 1709 年)まで続いていた約 120 年間の高度成長経済がパタッと止まり、以後、明治時代(1868 年～ 1912 年)までの 160 年もの間、低成長の成熟経済が始まるのである。また、富士山の噴火の降灰によって、麓の小田原藩は農業が続けられなくなった。そこで、幕府は小田原藩を直轄領に変更し、全国の大名に費用を負担させて、田畑の灰を"天地返し"で深く埋め、川底が上昇した酒匂川(さかわ)に堤防を築いた。そして、噴火から 76 年間もかかったが、立派に元の農地へと再生させたのである。酒匂川が山地から平野に出るところに"文明堤"がある。水流を岩山に 2 回ぶつけてエネルギーを殺いだあとに、長く高い堤防が築かれている。これこそ、日本人の再生力を象徴するものである。

図 1.1 は、福島第一原発のすぐ北にあった、相馬藩(表高 6 万石)の米の収穫量の推移を示している。1845 年に二宮尊徳の高弟の相馬藩士が、藩財政立直しのために「二宮仕法」を導入したが、まず長期統計をとることから始めたそうである。図 1.1 はそのときとられたデータがもとになっている。1600 年代後半は高度成長時代で収穫高は表高の 3 倍に増したが、宝永以後はそれが徐々に減少に転じ、1780 年以降は天明・天保の飢饉があってさらに収穫量は元通りの 6 万石に低迷した。一目でわかることだが、収穫高は人口に比例している。そこで、相馬藩はとにか

1.1 | 東日本大震災を見て過去を振り返った

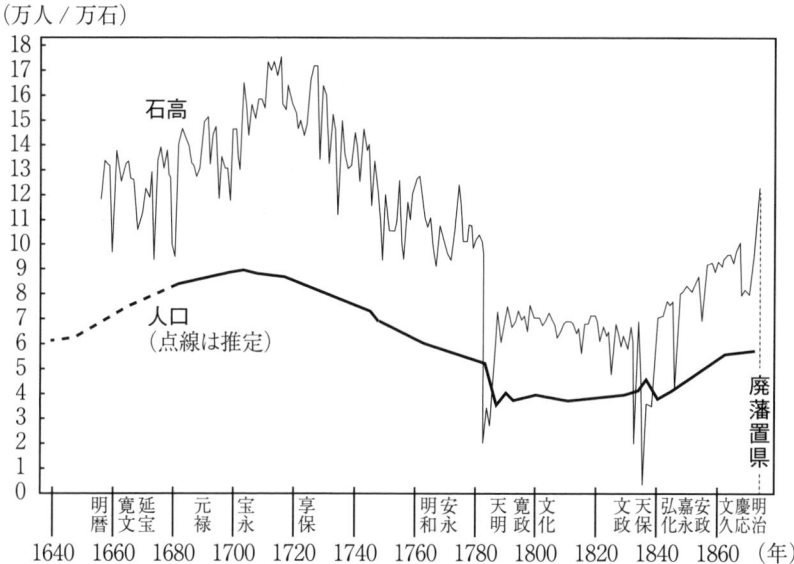

出典）板倉聖宣『日本史再発見―理系の視点から』（朝日新聞社、1993年）より筆者作成

図 1.1　相馬藩の年貢石高・人口の変遷図

く荒廃した田畑を再生させるために、（御禁制であるが）農民を移民させ、人口を増やすことから始めている。この江戸期前半で人口が増えて後半で低迷するという推移は日本全国のどこでも同様であった。その一方で、西日本は1800年代に東日本に先駆けて人口増加と収穫量増大を実現し、これが明治維新のエネルギーとなった。

2011年に起きた東日本大震災は、宝永地震の再現ドラマかもしれない。終戦以来の高度成長時代が終わりを告げて、これから100年間は、ガムシャラに働いても低成長経済から抜け出せないのかもしれない（すでに、1992年のバブル崩壊以来の"失われた20年"がそうだったが）。しかし、低成長も悪いことではない。もうすでに成熟している日本はヨーロッパ諸国のように、豊かな生活を競争もほどほどで楽しめばよい

のである。言い換えれば、大事件もなく平和だった"文化・文政時代(1804年〜1829年)"の再来と思えば、肩も凝らずにそれなりに楽しめそうである。それに、福島第一原発による汚染地域も未来永劫に続くかと悲観していたが、そうでもない。100年も経てば、半減期30年のセシウム137も10分の1になる。昔の人にも再生できたのだから、今の日本人にできないはずがない。

1.2 低成長時代でも、個々の企業の浮き沈みは大きい

　筆者は、1992年に企業から大学に転職して以来、ずっと"低成長時代"に生きてきた。しかし、それ以前の高度成長時代と比べて苦しかったわけではない。それなりに研究を楽しんできた。**図1.2**に日本の国内総生産(GDP、名目)の推移を示す。バブルが弾けた1992年ごろから

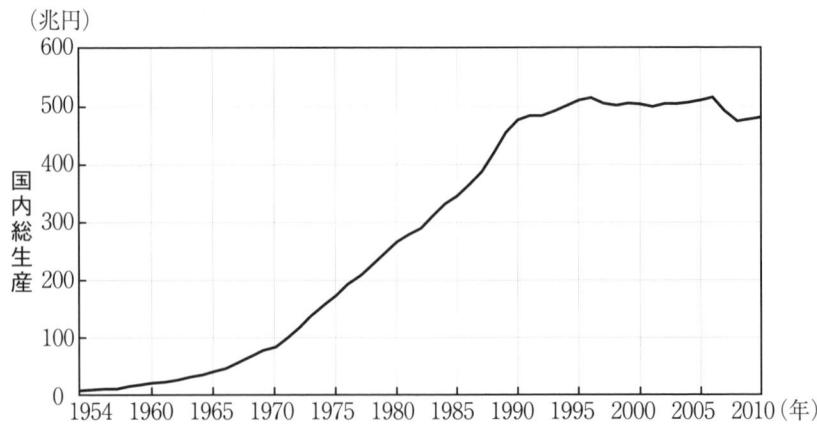

注)　以前は日本の景気を測る指標としてGNP(Gross National Product、国民総生産)が用いられていた。GNP=GDP+海外所得であるが、海外所得は大きくても17兆円くらいなので、日本のGNPとGDPは大きな差はない。
出典)　矢野恒太記念会(編)『日本国勢図会　2012/13』矢野恒太記念会、2013年

図1.2　日本の国内総生産(GDP、名目)の推移

1.2 | 低成長時代でも、個々の企業の浮き沈みは大きい

GDPは500兆円で飽和して20年間も一定になっているのがわかる。

1995年頃の話である。どういう文脈でそうなったのか思い出せないが、前述した上司の畑村洋太郎先生(2011年の福島第一事故の政府事故調の委員長になった大先生)に、筆者が「江戸時代のように身の丈に合った幸せで満足すればよい」とこぼしたら、「いい若い者が"縮み思考"は良くない」と注意された。このときは、「明治維新以来の成長志向を否定する精神自体がケシカラン」という意味のように感じられた。

確かに大先生が活躍した高度成長時代は、働けば必ず成果が出た。日本の工学部の先生は、産業界が欧米から技術導入・国産開発・次機種改善とステップを進むのに同調して、一歩先の研究課題に取り組めばよかったのである。アメリカから輸入した原子力発電所はその成功の典型例であった。進むべき道が見えているから、欧米が犯した過去の失敗を"つい、うっかり"と再発でもしない限り、誰でもそれなりに成功したのである。

しかし、今は、日本が先頭集団を引っ張り、他国に向かって技術を輸出する立場に変わった。こうなると海外から輸入して横流しする技術もあまりないから、自ら新技術を生まざるをえなくなった。何事も世界一を目指すトップランナーは大変である。過去の前例や知識がないうえに、進むべき道もわからないのだから。研究も同様にして、常に賭けに出ないとならず、当然、その分、成功確率は低くなる。解答が一意的に存在する入学試験と性質が違うのである。頑張れば成果が出るとは限らない。

それに低成長時代といっても、個々の要素すべてが沈滞するわけではない。つまり、「すべての企業や製品の成長率がドングリの背比べのように揃って低い」という意味の"低成長"ではない。この20年間は、一部の企業や製品が絶好調で全世界に名を轟かせる一方、多くのものはビジネスチャンスが閉ざされて他社に合併されるか市場から撤退してきた。低成長時代は、「個々には浮き沈みが激しいが、それらの平均は低

い」という意味の低成長なのである。だから、個人が舵取りを間違えると、簡単に転覆するのである。国家も社会も昔のように"護送船団"を組んではくれない。でも逆にいえば、個人の舵取りによっては大成功するのである。これは、いわゆる生まれや学歴とは関係ないため、自分の洞察力と実行力に賭けるしかない。

筆者の生産技術の研究でも、1992年から2005年頃までは、メインフレームコンピュータや磁気ディスク、液晶ディスプレイ、インクジェットプリンタ、携帯電話のような情報機器が対象だった。筆者はこれらの技術が21世紀の日本を支えていくだろうと固く信じていた。それに実際、同じように信じていた多くの企業から共同研究費をいただいていた。さらに、1995年頃から医療機器やナノテク、環境負荷低減、知識情報検索のような、"バイオ・ナノ・エコ・IT"が接頭語に付く研究が大流行になって、その尻馬にも乗った。ところが、2005年頃からそれらの話がウソのように霧消していった。その代わり、建設機械、電気自動車、伝熱技術、トライボロジー、転写印刷技術のような"オールドファッションの技術"が復活して、今のところ、筆者はそれらの共同研究で生きているのである。

低成長時代だからこそ、"結果オーライ"はありえないのである。高度成長時代は多少判断ミスをしても、時を待てば市場が量的に拡大して商品が売れるから失敗は帳消しになった。しかし、これからの時代は、一般社会とは違うと考えられがちな大学でさえ、企画段階で時代を読まないと、楽しく仕事はできず、最悪の場合、しくじって"整理ポスト"に左遷されるリスクを伴うのである。

1.3 現代人はたくさんの"家僕"に助けられている

いくら「江戸時代が楽しそうだ」とここで主張しても、現代人は江戸

1.3 | 現代人はたくさんの"家僕"に助けられている

時代の生活水準に満足できない。なぜならば、「現代人は江戸時代の人間よりも桁違いにエネルギーを消費しているから」である。現代の若者はとにかく豊かな生活しか知らない。生まれてこのかた、ウォシュレット付きトイレしか使っていない若者に、「毎日、裏の藪の中でしゃがんで済ましなさい」といっても、どだい、無理なのである。

現代はどれだけ豊かになっているのだろうか。消費エネルギーを奴隷（江戸時代ならば家僕や人足）の人数に変えて評価してみよう。

機械工学では、人間1人で0.4馬力(0.3kW)出せるといわれる。馬に代わって人間が荷車を引けばそんなところであろう。エネルギーとして電気に限って考えれば、日本の総発電容量は2.8億kWだから、それを0.3kWおよび総人口の1.2億人で割ると、7.8という数字が得られる。これは国民1人当たりの"家僕"の人数である。たとえば図1.3に示すように、現代人の家族4人に対して31人の家僕が居て、彼らが料理を作って、掃除・洗濯・水汲みしてくれて、室内を冷暖房して、風呂を焚いてくれる。これだけ居れば、日本全国の住居はまるで家老屋敷である。

さらに、エネルギーには、石油を電気に変えずに直接、使うルートもある。もっと大胆に計算してみよう。自動車保有台数7,000万台に、1台当たり年1,000ℓ（比重0.7として0.7t、2週間に1回、満タンに給油する勘定）のガソリンを使うとする。石油をCH_2が連なった炭化水素だと仮定して、石油1gに対してカーボンが$44/(12+2)=3.1$gの二酸化炭素に変わる。そこで、1年に7,000万×0.7×3.1=1.5億tの排出量が出ることになる。一方、人間は呼吸で1日1kg(0.001t)の二酸化炭素を吐くので1年365日で0.365t排出する。1.5億tを、0.365tと1.2億人で割れば、3.4という数字が出てくる。これは国民1人当たりの"駕籠かき"や"大八車の人足"の数になる。つまり、図1.3に示すように、現代人の4人家族には14人の人足が玄関先に控えている計算になる。上述の家僕と合わせると1家に45人の働き手を雇っていることになるから、

- 発電容量(2.8億kw)を家僕(0.3kw)に分ければ、4人家族に対して家僕は31人

4人家族の現代人　　料理　　掃除　　洗濯　　水汲み　　風呂焚き　　冷暖房

- 自動車の排出CO_2(1.5億t)を人足の排出CO_2(0.365t)に分ければ、4人家族に対して人足は14人

4人家族の現代人

図1.3　現代人は多くの"家僕"に助けられている

主人はちょっとした殿様である。これでは、昔に戻れない。

平家が滅亡した頃、鴨長明も『方丈記』で地震、大火災、突風のような災害を克明に記している。平安末期でも宝永と同様に、「まさか」の災害が断続的に起きていた。彼は晩年に悟って3m四方の方丈庵で暮らしたが、今の日本人にそんな仙人みたいなことができるのだろうか。いくら狭いといっても、方丈庵よりも仮設住宅のほうが豊かである。

1.4　日本の製造業も"地産地消"になった

現代日本人にとって、豊かに暮らすことは日常の前提条件である。いくら貧乏で不幸せであるといっても、家にはガスや電気が通っているが、

1.4 | 日本の製造業も"地産地消"になった

東日本大震災以降の時代も、この豊かさを維持できるのであろうか。

日本国内では、石油も石炭もガスも十分に採れない。さらに、日本人は福島第一原発の事故に嫌気がさして、これからウランが使えなくなる。だから、ますます多くの石炭・石油・天然ガスを世界中から買ってこないとならない。さらに困ったことに、鉄やアルミニウム、木材のような素材から、小麦やとうもろこし、水産物（1980年頃は自給率100%だったのに徐々に低下して2010年頃には58%まで落ちた）のような食料まで輸入しないとならない。だから、その輸入品の購入費を用意するために、何か売るものを作って輸出しないとならないのである。

その何かについての答えの1つが今のところ、工業製品である。日本の輸出品目は明治の絹糸以来、変遷しているが、工業製品頼みは変わらない。『三種の神器』（戸矢学、河出書房新社、2012年）によると、卑弥呼の古墳時代（3世紀中頃〜6世紀末）でも、武器用の鉄を朝鮮から輸入するために、日本から中国へヒスイの勾玉を製造して輸出していたらしい。1700年前の太古から今に至るまで、日本は何かしらモノを作って貿易していたのである。

筆者がつい最近まで信じて学生に教えていたことの1つがこれと同じで「成熟経済のなか、のんびり暮らそうと思っても、豊かさを維持するために、国民の誰かは輸出用商品を生まねばならぬ。その誰かがエンジニアである」という考え方だった。これは何のことはない、明治以来の国是とされてきた加工貿易主義にすぎない。しかし、2008年のリーマンショック以来、何だか状況が急変してきた。ここ10年で見る見るうちに日本国内に工場が少なくなってきたし、そもそも日本の製造業は、超円高になっても騒がなくなった。つまり、実際の輸出量が少ないので、円高になろうとも製造業は苦しくならないのである。なぜならば、一気にグローバル化が進み、"地産地消"が当たり前になったからである。

1.5 日本の製造業は日本人だけのものではなくなった

いまや日本の製造業の真実でもあるのだが、「日本の会社だけど、もはや日本人だけの会社でもないし、日本だけに工場がある必要もない」のである。筆者は、製造業の偉い人に会うと、次の2つの比率を問うている。つまり、①世界中の連結グループ会社で生産している製品の総量のうち、国内生産高（国内売上高でなくて、日本の工場で生産した数量か金額）の比率と、②世界中の連結グループ会社の従業員数のうち、日本人の比率である。その結果、この数値がいつの間にか、3割±1割、つまり2～4割程度になっているのに気づいた。

しかし、この比率を証明する公開データを探しているが、なかなか見つからない。たとえば、生産委託している工場が多いと自社の生産高は小さくなるし、正社員に比べて契約社員が多いと自社の従業員数が少なくなる。さらに商品が多種多様になると、部品群を含めた物流が複雑になって完全にわからなくなるが、単一商品を作る製造業ならば少しはわかる。たとえば、ほぼ自動車しか作っていないトヨタのホームページを調べてみると、2011年は国内で276万台、海外で417万台生産（組立）したので国内生産量の比率は40%だった。2002年が62%、2007年が50%だから、徐々に減少している。また、2011年の国内販売の全世界比率は17%なので、(40−17)÷40=58%となるから、いくら地産地消といっても、国内生産数の約半数は輸出していることがわかる。さらに、直営工場と100%子会社の工場の従業員数を調べると、日本は7.0万人、海外は16.3万人だったから、日本人比率は約30%であった。トヨタの連結従業員数は32.8万人（2011年度時点）だから、工場の従業員を引いた約9.5万人が営業や開発の人員である。そこには日本人が多い、といわれるとそのとおりであるが、いまや海外にも同じような部署をもっているので、相殺されて比率は多くても40%程度に留まるのではないか。

1.5 | 日本の製造業は日本人だけのものではなくなった

　これがソニーやパナソニックになると、もはや国境は存在しなくなる。部品の生産地がそれぞれ違っているので、"商品の原産国"が決められない。新日鉄や旭硝子のような純国内向けに見える素材メーカでも、海外で二次加工したり、海外ブランドで売っているので、原産国がわからなくなる。世に言う、グローバリゼイションが起きているのである。

　このグローバリゼイションの形態としては、"地産地消"が理想形である。すなわち、国内消費分は国内工場で日本人が作るが、海外消費分は海外工場で外国人が作る。こうすれば、モノが国境を越えず、輸送費が最小になる。さらに、"地産地消"は他国の通貨や政治の影響を受けることがより少なくなるし、地元の文化に合った商品を企画できて販売成績も上がる。良いこと尽くめである。ただし、日本から海外へと設計図面が、また、海外から日本へと配当金が動かないと、その商品のブランド力が維持できない。買ったその日に壊れる日本製品では、まるで話にならないのだから。

　日本は、いまや、皆で高度成長時代のように"三種の神器"の家電製品を新規購入するような時代ではない（実は先進国はどこも同じであるが）。今ある工業製品をメンテナンスするか、買い替えるかしか需要はないので、国内向けには"美しく使いやすく個々人に馴染む商品"が必要になる。一方で、開発途上国は新規購入が主体だから、"万人向けの必要機能に絞ったお値打ち感満載の商品"であることが重要になる。

　このように、日本にある工場で働く日本人は、日本国民1.2億人に供給する分だけを作ることになるだろうが、将来を悲観する必要はない。この内需分も結構、大きいから仕事がゼロになることはない。それに、内需分だけ生産するにしても、工場から海外向けにキーコンポーネントの部品や精密な工作機械を輸出したり、海外から工場向けに安価な部品や素材を輸入したりするから、貿易量は減少してもゼロにはならない。ただし、今後は大きな貿易黒字が望めなくなるため、前述した燃料や素

材、食料を買う算段を何とかしてつけなければならない。

1.6 日本は貿易でなく、投資で稼ぐようになった

図1.4は、財務省で公表されている27年間分の国際収支をグラフ化したものである。

図1.4の上から1段目のグラフを見てわかるように、貿易量は東日本大震災後の2011年、2012年を除くと、常に輸出超過である。輸出量(実線)は40兆円前後で推移していたが、2003年頃から増え始め、80兆円手前でリーマンショックに行き当たって減り、2012年は61兆円である。一方で、国内総生産(先述の図1.2)は1985年に330兆円だったが増加し続け、1992年に成長が止まってから、この20年間ずっと500兆円前後で推移している。この国内総生産が大きいので、輸出入合わせた貿易量を国内総生産で割った2010年の比率は、たかだか、125÷500=25%程度である。『なぜ日本経済は世界最強と言われるのか』(ぐっちー、東邦出版、2012年)では、この数値をG20の国と比べているが、日本はブラジル19%、アメリカ22%に次いで下から3番目である。つまり、日本が立派な内需国であることを示している。上位は、韓国88%、サウジアラビア80%、ドイツ71%となるが、これと比べると日本の人口1.2億人が形成する内需は結構、日本経済の強みになっている。

図1.4の2段目に移る。1段目の輸出(実線)から輸入(点線)を引いたものが2段目の貿易収支(点線)で、リーマンショック前までは10〜15兆円の間だった(つまり、月に1兆円稼いでいた)ことがわかる。旅行や輸送のサービス収支(細線)は1990年代に−6兆円で一定だったが、2005年頃から−2兆円前後で落ち着いている。最後の利子や配当の所得収支(太線)は、2兆円くらいから増え続け、2005年くらいから12〜16兆円の間(つまり、月に1兆円の儲け)で飽和している。

1.6 | 日本は貿易でなく、投資で稼ぐようになった

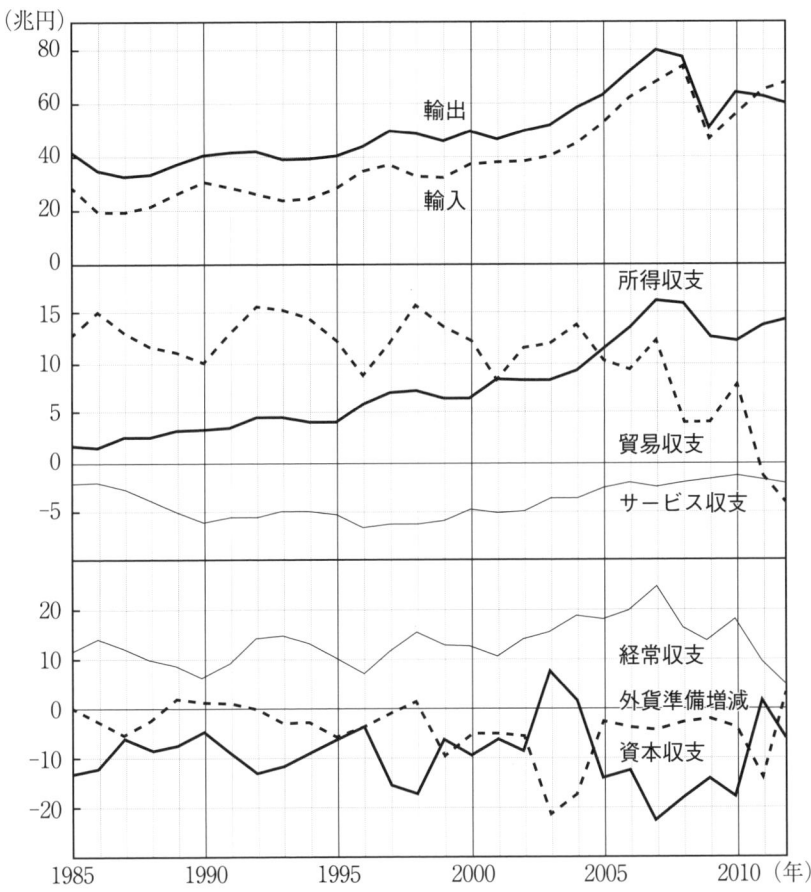

出典) 財務省国際収支状況（http://www.mof.go.jp/international_policy/reference/balance_of_payments）より筆者作成

図1.4　日本の国際収支の推移

　この3つを足したものが、**図1.4**の3段目の経常収支（細線）である（もう一つ、国際機関への供出金等の経常移転収支も足したのだが、毎年1兆円ずつ出ていく程度なので図では省略している）。経常収支は、2012年に記録的落ち込みが生じて4.7兆円に減じたが、その前年まで26年

13

間はコンスタントに 10 〜 20 兆円の間の、"月 1 兆円ペースの儲け"を叩き出していることがわかる。そしてこの儲けは、2005 年ごろまでは貿易収支で稼いでいたが、リーマンショック後は所得収支で稼いでいたことがわかる。

そして、こうした儲けは円通貨に換えることなく、海外投資に向かうのである。図 1.4 にある 3 段目の資本収支（太線）の推移を見ると、常にマイナスでお金が海外へ還流していることがわかる。図 1.5 に対外純資産の推移を示す。バブル期は勝手がわからず投資に失敗したが、それでもその後 20 年間、日本人は海外で勝負をし続けて純資産（対外資産から対外負債を引いた値）を増やし成功したことを示している。

資本収支は経常収支のプラスと釣り合うように毎年、マイナスである。

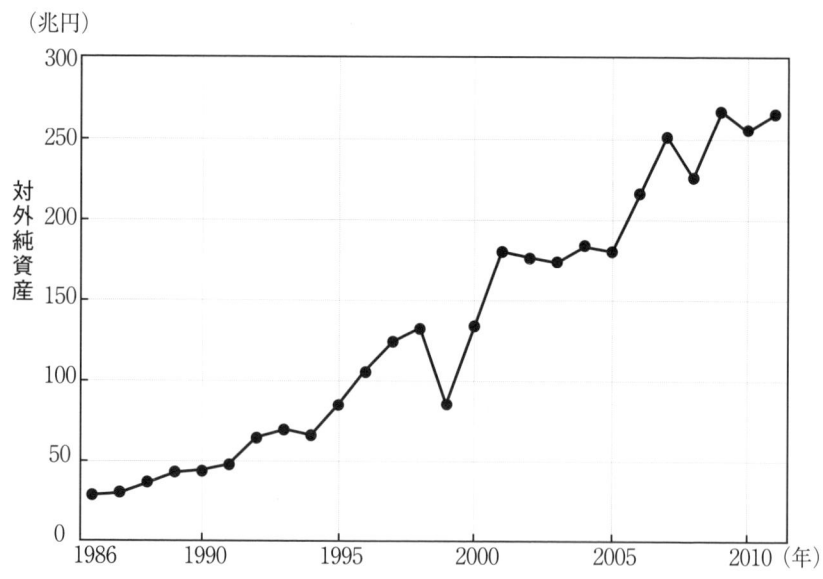

出典）　財務省本邦対外資産残高（http://www.mof.go.jp/international_policy/reference/lip/）より筆者作成

図 1.5　対外純資産の推移

1.6 | 日本は貿易でなく、投資で稼ぐようになった

つまり、海外工場を建て、証券を買い、地元企業に投資して、稼いだ金は海外に出て行くが、株券や債券を手元に残している。また、2003年や2011年のように、資本収支のマイナスが少ない年は、それを埋め合わせるように外貨準備高(点線)のマイナスが増えている。つまり、円をドルと交換して減らすが、最後はアメリカの国債を手元に残している。図1.5に示すように、対外純資産は1985年に約30兆円だったが、その後26年間、海外投資し続けた結果、単純増加して2011年には265兆円に達し、1991年以来、常にダントツ世界一の債権国チャンピオンの座を守り続けている。そして、この債権から年5%くらいの利率で利子・配当が入り、所得収支に $265 \times 0.05 = 13$(兆円)と計上されているのである。

要するに、今の日本は、手を動かさなくても、金が金を生んでいる、"大富豪"状態なのである。その金で燃料も素材も食料も買えて贅沢ができているのである。学生曰く、「スゴイ。エンジニアなんて要らないジャン……」。

一方、ダントツ世界一の対外純負債の国はアメリカで、その額は日本の対外純資産の額にほぼ等しく300兆円程度である。アメリカは借金だらけだが、実態は日本よりはるかに豊かである。豊かさに憧れて、アメリカに世界中から優秀な人が移住しているが、同時に、世界中の金持ちが投資する魅力的な国であることがわかる。そのパトロンの一番手が日本であり、純資産の30%の80兆円くらいが米国債である。

しかし、その米国債を現金に換えたらますますドル安・円高になるので売るに売れず、アメリカに奉仕しているような感じである。もっとも、日本がもっている他の国の債権も同様で、回収して現金に換えると世界経済を混乱させるような証文だから、売るに売れない。利子・配当が戻ってくるだけ儲けものと考えないとならないだろう。今の日本は市場を安定させて、「金持ち喧嘩せず」を密かに実行することが大事である。

どこかで戦争が始まったら、いくら日本が参戦しなくても、資産凍結されて日本の債権は紙くずになる可能性もある。どこかの国が破産しても"徳政令"が出てしまうから同様である。金持ちになったといっても、江戸時代でいえば"大名貸し"しているようなものである。「払えないものは払えない」と武士（債務者）に開き直られたらお終いである。『町人考見録』（三井高房（編著）、鈴木昭一（訳）、教育社、1981年）は、江戸時代に書かれた『失敗百選』であり、50家の没落を記して三井家の教訓に供した。ここに没落の原因として記された二つの大きなシナリオは、大名貸しと奢侈である。アメリカは世界一の"武士"である。「世界秩序を守るために債権放棄せよ」とアメリカに迫られたら、日本経済はゲームオーバーである。

　だから、紙くずになっても国民が飢餓しないように、わずかであっても、日本に工場を残し、内需分だけはものづくりの文化を残していかないと、将来のリスクに対抗できない。工学部関係者の苦しい言い訳にも聞こえるかもしれないが、"諸行無常"は世の常である。とにかく、このような状況のなかで筆者がいえることはただ一つだけである。「若者よ、工学部に来たれ。エンジニアになり、"日本の最後"を救おう」。

1.7 日本人エンジニアの強みは"正直"である

　当初、本章では長い文章を使って、「"まさか"の大惨事を機に、原点に戻ってものづくりに励もう、だから若者よ、エンジニアになろう」と言いたかったのであるが、「"地産地消"を行うことで、日本国内の工場は内需分だけしか必要なくなり、日本人のエンジニアの需要もそれに応じて減少し、日本の工学部も定員を減少せざるをえなくなる」という想定外の筋に変わった。

　このようにしてエンジニアが減ると仮定すると、日本の製造業が採用

1.7 | 日本人エンジニアの強みは"正直"である

する日本人の数は、10年後にはどれくらいまで減少するのだろうか。筆者は、この質問も経営者の方々に会うたびに聞いているのだが、ざっと今の50%～70%に減る見込みである。教員にとってオソロシイ数値である。偏差値の高い大学から採用が決まる現状が続けば、地方や私立の大学の工学部はよほど特色を出さない限り経営が苦しくなるだろう。

こんな困難のなか、将来、今の2倍となるかもしれない競争率の難関を突破して、日本の製造業に就職したエンジニアには、どのような仕事が待っているだろうか。まず最初に、地産地消が求められるため、内需用の商品を開発することが重要となる。これは日本人向きの仕事である。次にグローバル展開している企業の根幹となる技術を地道に開発することが考えられる。今までは、後者の技術のために、「日本に拠点を置くべき部門は、試作を含めた生産技術部門と、工業デザインを含めたキーコンポーネントの部品開発部門である」という経営者が多かった。両方とも長期間、地道にやらねば成果が上がらない分野である。だからこそ、真面目で正直でコツコツやるのが好きな日本人には適しているように思える。

アジア諸国の工場に行くと、技術担当重役として日本人が出てきて驚くことが多い。ものづくりの文化を身に付けた人材が、たとえば年収1億円で海外に流出しているのである。これから10年も経てばもっと下役にも日本人は進出するだろう。たとえば、工場の職長(軍隊でいえば下士官)や生産技術者(軍隊でいえばスペシャリストの工科、砲科、機関科のような士官)に対して、日本人の需要が大きくなるだろう。ちょうど、スイスの傭兵隊みたいに、「槍を持たしたら裏切らずに雇用主の貴族を守る」という信頼感が高い価値を生み出すのである。

雇用するときに"売り"になるような、ものづくりに従事する日本人の特性は何だろうか。それは"正直"である。バカ正直でも構わない。

筆者も技術者倫理を学生に教えているが、不祥事対策には当事者が正

第 1 章　工学部の教授から若者へ──若者よ、エンジニアになろう──

直を徹底するしかない。正直には、約束を守り、納期を守り、ウソデータは出さず、顧客にいわれていないことまで陰で作り込むような、製品へのこだわりまで含まれる。実は、アメリカの技術者倫理でも正直の重要性を教えている。筆者も、1989年から3年間、カルフォルニアで働いたが、仕事のミスを適当に隠蔽する日本人よりも、アメリカ人のほうが数段、正直だった。コンプライアンスという言葉が日本で流行するのは、つい最近のことで2005年頃からである。長年、商売をして成功した国民は、同じような価値観をもつのだろう。日本人もビジネスの仲間として、今は世界中で信頼を得ているのである。

　一方で、商品企画、営業、経理、総務、人事、知的所有権、品質保証などは、必ずしも日本人がやる必要はない。もちろん、"地産地消"だから、日本人向けの日本人好みの商品企画の担当者は、日本人が最適である。逆に、それ以外の外人向けの外人好みの商品企画は、地元の外国人に任せればよい。しかし、そうすると生産した商品にジャパン・ブランドの香りが付けられなくなる。途上国の場合、いくらお値打ち感満載の商品が望まれているといっても、少なくとも、容易に壊れてはならない。つまり、「海外で作ってもジャパン・ブランドで売っているのだから、信頼性が高いというブランド・イメージを壊してはならない」のである。たぶん、この信頼性維持のために、"生産文化の伝道師"として、少数でも海外に日本人が出ることが必要になろう。

　高い信頼性は、もはや日本の企業にとって外せないブランド・イメージである。低い生産コストと素速い開発力も1990年頃までは、ジャパン・ブランドの代名詞であったが、もう東アジアの国々に敗けてしまった。21世紀に入ると、レクサスやグランドセイコーのような高級感を売りにしたが、ヨーロッパのドイツやスイスに追いつけていない。今後の売りはプリウスのような環境への優しさや、日本料理やアニメのようなクール・ジャパン風のこじんまりとした美しさであろうか。いずれに

せよ高信頼性へのこだわりを含めて、江戸時代以来の人口過密国の文化を売りにするのだろう。これは平和・成熟・幽玄・機微・安心のイメージであり、地道で正直な日本人にピッタリである。

1.8　日本人も失敗防止のブレーキだけでなく、成功促進のアクセルを踏もう

　筆者は、失敗学、コンプライアンス、信頼性のような"ブレーキ"の研究だけでなく、前述したように、生産技術開発、商品企画、工業デザインのような"アクセル"の研究もやっている。まるで正反対の話だけど、本書中に両方の思いを散りばめた。当たり前だが、どのような試合でも失点を防いで得点を入れれば必ず勝つ。しかし、攻防の両方に莫大なエネルギーが必要なので、実際にはそのバランスが重要になる。ブレーキだけの自動車では前に進めず、アクセルだけの自動車では暴走する。

　リスクとチャンスは別物ではない。リスクは失敗の予兆であり、チャンスは成功の予兆である。どちらに気づいても、それなりに対策すれば成功する。面白いことに、リスクに強い人はチャンスにも強い。なぜならば、早い段階で予兆を感じ取り、素早く対応するからである。

　これまで日本の組織は、リスクとチャンスに対応する部署を分けていた。しかも、リスクに対応する安全・品質・環境・法規関連の部署は、チャンスに対応する商品開発・設計・研究・営業関連の部署の格下に見られていた。その文化が問題だった。どちらの部署でも成功する人は同じタイプの人である。それに上も下もない。

　どちらかというと、日本人は、失敗防止のブレーキ役は得意だが、成功促進のアクセル役はイマイチである。だまって反省してチームのために支え合うが、しゃしゃり出て自己主張して自分を売ることは避ける。外国人の大学教授が日本人に講義すると、日本人学生のノリが悪いので、とても困惑する。小学生の頃から、先生に質問するのは失礼だという教

育を受け続けた学生を、瞬時に変身させるのは無理である。少し、精神破壊させて、酔ったときのような高揚感をもたせて、講義を受けさせるしかない。そうすると手を上げて自分の意見を言うようになる。新商品開発も同じである。挑戦には勇気がいる。酔った調子くらいでようやく、外国人の押しの強さと釣り合うようになる。日本人でもアクセル役はこなせるのである。問題は気持ちである。

　気持ちを変えるには海外で暮らして仕事をすることが一番である。海外では黙っていると、誰もかまってくれない。できることならば、3カ月以上滞在することが望ましい。自分に相手と同程度の技術があれば、相手は聞いてくれるから下手な英語でも意思は通じる。2番目は"だめもと"で会議中に必ず発言することである。恥をかくことを恐れる人も多いが、自分が思うほど他人は自分のことをかまってはいない。誰が言ったかなんて、誰も覚えていない。"言った者勝ち"で、言ったらすぐに首をひっこめればいい。それくらいのいい加減さを加えて、ようやく外国人と同等になる。

1.9 日本人の若者の報酬を高くして仕事を安定させよう

　筆者は、日本の将来を楽観的に考えている。しかし、それは条件付きで正しいのである。条件の一つは、日本人がこれまでのように正直で勉学に励む性質を持ち続けることであり、もう一つは、世界規模の戦争もなく、世界規模で商品が売り買いできることである。

　後者の平和の維持は、"まさか"の事故・事件が起きないことである。たとえば、世界中で大戦争でも起きたら日本はエネルギーも素材も食糧も輸入できなくなって、それこそ江戸時代に逆戻りである。"短気は損気"であって、中国や北朝鮮のような類の挑発に乗ると酷い目に会うだろう。

1.9 ｜日本人の若者の報酬を高くして仕事を安定させよう

　喫緊の問題は前者の正直さの維持である。今のところ、小学校から大学までの教育機関は、うまく機能しているように見える。凶悪犯罪が増えたといっても、先進国のなかではまだまだ犯罪率が低い。国民は比較的穏やかである。問題は教育期間を終えて就職してから生じているのである。そのうち特に問題なのが"労働行政の舵取り"である。1990年以前の高度成長時代は、終身雇用・年功序列・企業別労働組合の3点セットが当然のように存在していたが、低成長とグローバル化によってこの反動が起きた。つまり、バブル崩壊後に早期退職制度・非正規社員採用の規模が拡大し、上記の3点セットが吹っ飛んで、片側に振れた針が今度は正反対側に振れるようになった。正規社員は20世紀のままの待遇だが、非正規社員が大量に増え、安い給料で不安定な職に怯える人々が増えてきた。特に正規社員にならないと自殺しそうになる若者を見ていると、社会のほうがおかしいと筆者は感じる。

　図1.6は1985年から現在までの正規従業員数と、非正規従業員（アルバイト・パート、派遣社員、契約社員、嘱託）数と役員数の推移である。正規従業員数はほぼ一定数で変化しないのに、非正規従業員は2.6倍に増加し、正非の比が5対1から2対1に変化している。つまり、労働者の3人に1人が今や非正規従業員なのである。図1.2のように国内総生産が1990年以降から一定であることと同じように、国民の賃金の総和である雇用者報酬も250兆円程度で一定であることもあわせて考えると、正規従業員の給与の一部を削って、その分を非正規従業員の給与として薄く広く配っていることがわかるのである。

　図1.7は2001年と2012年の、従業員1,000人以上の大企業の製造業に対して、正規（学卒・男子）と、非正規（いわゆるhourlyで給与を払う短時間勤務・男女）との年齢階級別の月給分布を示した図である。

　筆者が工場見学で得た感想と合わせるために、対象を大企業の製造業に絞ってみたが、傾向は企業規模や産業によらず同じであった。つまり、

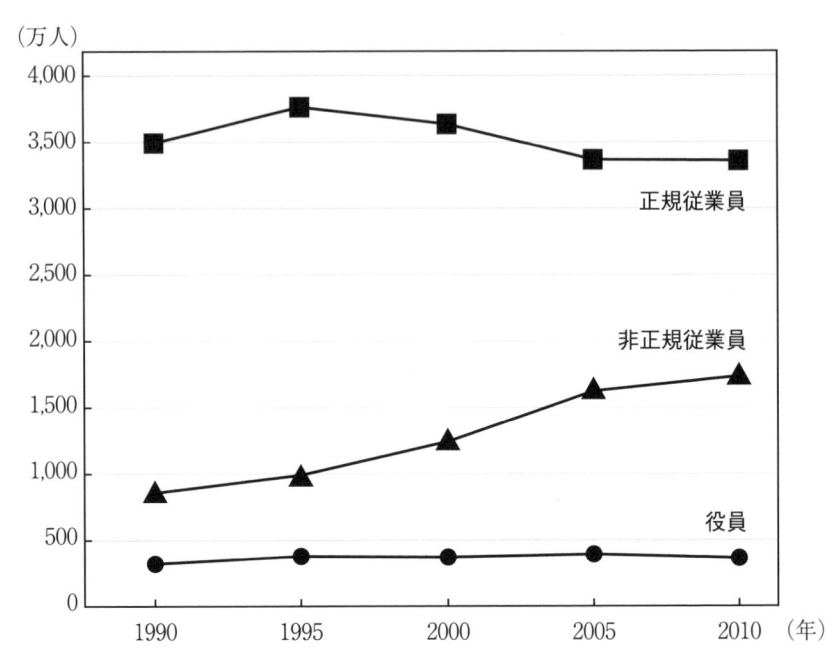

第 1 章　工学部の教授から若者へ―若者よ、エンジニアになろう―

（万人）

出典）『日本国勢図会　2012/13』（矢野恒太記念会（編）、矢野恒太記念会、2013 年）より筆者作成

図 1.6　雇用形態別雇用者数の推移

図上方の 2012 年（太線）は 2001 年（細線）に対して、「正規従業員は 35 歳以上で給料が減少しているが年功序列の傾向はほとんど同じ」ということがわかる。彼らは入社時の年収 300 万円から始まり、その後、5 カ月分の賞与をもらいながら、45 歳で年収 1,000 万円を超える。いわゆる、20 世紀型の大企業サラリーマンの出世コースに乗っている。一方で、非正規従業員は 25 歳以上で年齢によって大きな差がなく、賞与もないから年収 170 万円程度でフラットである。図下方の 2012 年（太線）は 2001 年（細線）と比べて、20 歳代は 10 ～ 20% 減少し、30 歳代は 10 ～ 20% 程度増加しているが、2012 年になっても年功序列にはなっていな

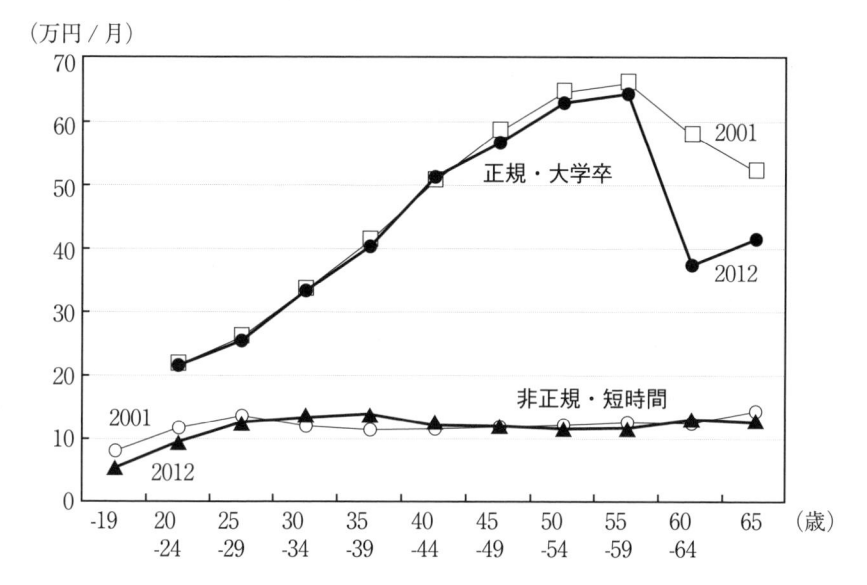

1.9 日本人の若者の報酬を高くして仕事を安定させよう

注）数値は所定内給与額であり、非正規職員の給与は時給に日当り労働時間をかけて月給に直した。両者とも 1,000 人以上の製造業における値。
出典）厚生労働省賃金構造基本統計調査（http://www.mhlw.go.jp/toukei/itiran/roudou/chingin/kouzou/detail/）より筆者作成

図 1.7　製造業の大学卒・男子・正規と短時間勤務・男女・非正規の年齢別給与の違い

いことがわかる。厚生労働省の『分厚い中間層の復活に向けた課題』(2012)という報告には、「結婚しても非正規社員では子供も作れない」という悲鳴が示されているが、そのとおりである。やっている仕事が間接管理員と直接作業員の違いはあるが、給料には 50 歳で 5 倍くらいの差があるのだから。

図 1.8 は年齢階級別の労働人口を示している。これは、図 1.6 における 2013 年の正規・非正規従業員数を年齢階級別に分類したものである。

図 1.8 の非正規（細線）のグラフから、学生アルバイト（24 歳以下）や、定年後の延長の臨時社員（60 歳以上）が多いこと、その間は 5 歳当たり

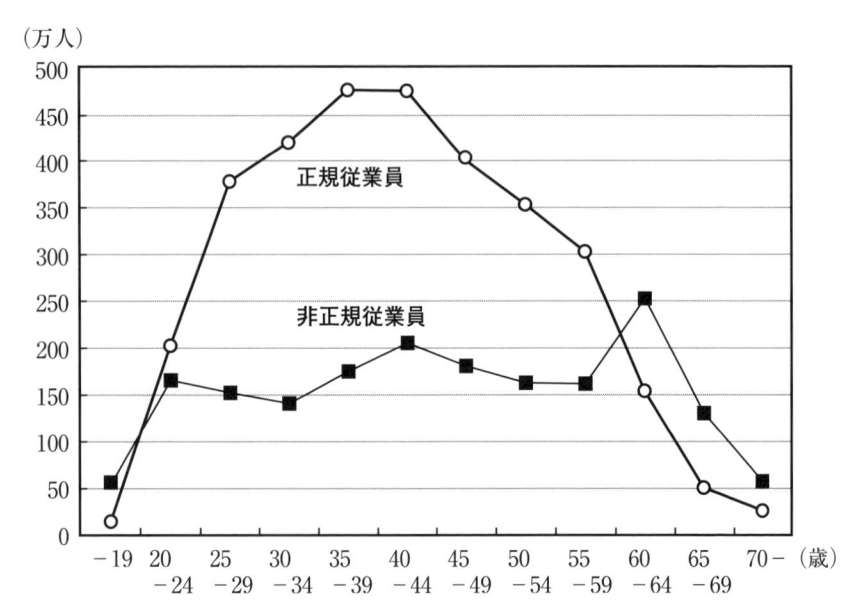

出典）総務省統計局労働力調査　2013年1月〜3月
　　　（http://www.e-stat.go.jp/SGI/estat/List.do?lid=000001110274）より筆者作成

図1.8　年齢階層ごとの正規／非正規勤務者の人数

150〜200万人で一定であることがわかる。非正規はおおよそ7割がパート・アルバイト、1割が派遣、1割が契約、1割が嘱託であるが、いずれも週40時間以下の短時間労働者である。このように短時間労働者は若者だけでなく、全年齢階級にわたって存在するという事実は、産業や規模にかかわらず同じである。筆者は大学にいるので、特に若者に短時間労働者が多いという感想をもっていたが、全産業に視野を広げるとオジサンにも短時間労働者が多いことがわかった。飲み屋に行くと、転々と職場を渡り歩くオジサンが管を巻いていたりするが、これは個人の甲斐性でなく、社会がそうさせているのだとも思える。

　図1.9は1999年と2009年における、年間収入分布を示している。

　2009年（太線）は1999年（細線）に対して、年収700万前後の中間所得

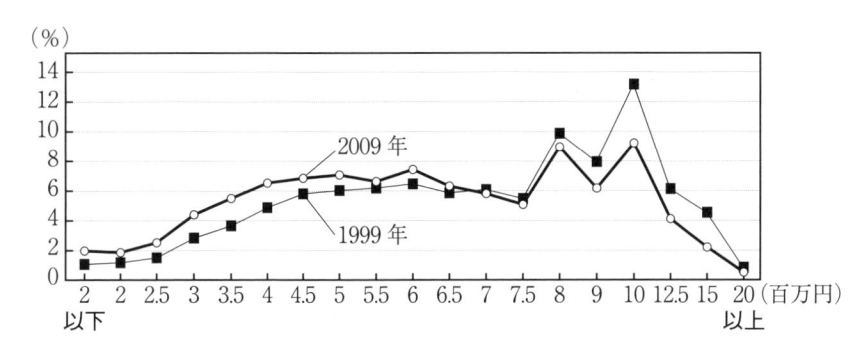

1.9 | 日本人の若者の報酬を高くして仕事を安定させよう

出典）平成24年版厚生労働省「労働経済の分析—分厚い中間層の復活に向けた課題」
（http://www.mhlw.go.jp/wp/hakusyo/roudou/12/）より筆者作成

図1.9　年間収入の分布の比較（1999年と2009年）

層は変わらなかったが、高所得者層が減り、低所得者層が増えたことで全体の平均給与は減じている。人数が減った高所得者層は正規従業員であり、人数が増えた低所得者層は非正規従業員である。これではまるで"ゼロサムゲーム"（参加者の得点の変化量を統計すると常にゼロになるゲーム）である。会社は多数の主婦や高齢者をバイトで雇っても、少数のオジサンの正規従業員に対する給与を削っているので懐は傷まない。

このように、**図1.6〜図1.9**を見れば、「21世紀に入ってから、日本の労働者全体への報酬は変わらないのに、正規従業員の給与を削って、薄給の非正規従業員を増やし、その結果、新しく雇用された非正規従業員は年齢に関係なく、低所得者層を形成している」ということがわかる。2000年頃から派遣や請負のような方法で非正規従業員を雇いやすくするように労働行政が進められた。1990年ごろから供給量をフレキシブルに変動できる生産体制が、世界の経済界で重視されてきたためである。たとえば2日後に納品する量を約束の2倍、もしくは半分にして欲しいと顧客に要求されるので対処しなければならない場合、海外ならば「今夜徹夜する」とか「明日は休みだ」と命令できるのに日本では難しかっ

た。労働組合が許さないのである。そこで非正規が増えてきたわけであるが、2010年頃から、それは行き過ぎだったので有期雇用ではなく、終身雇用に近い"準正規従業員"に変えるというように労働者契約法が改正された。つまり、現在でも図1.8の非正規従業員の約50％が有期の契約である常雇なのだが、今では彼らを無期の契約に切り替えてこの比率を下げようとしているのである。

　2013年に日本経済新聞でも「働けない若者の危機」という特集が掲載されたように、非正規雇用について「何かがおかしい」という感覚がこの社会で共有されるようになっている。ある日、同僚の教授たちと東大の論文数が増えないことを話し合ったことがあるが、原因は簡単なことだった。つまり、「研究費が増えない→若い研究者をエキストラに雇えない→論文数が増えない」という因果だから、これは結局、お金の問題に行きつくのである。しかし、近頃は、若い研究者がエキストラに雇えなくなったことも大きい。つまり、彼らは非正規・有期雇用を行う大学を避けて、正規・無期雇用を行う一般企業に就くようになった。欧米の大学では、オジサンの正規従業員の給料も論文の出来高で倍もしくは半分になる年俸制を採用しているから、日本の大学との差がさらに開いてきた。雇用重視の日本の実業団チームが実力本位のニューヨークヤンキースに勝てるはずがない。日本の正規従業員は待遇が良すぎる。10年間勝てなくても（大学では論文が書けなくても）、クビにすることが難しいのだから。今のうちに何とかしなくては、近い将来、東大も"僻地の大学"になるかもしれない。

1.10　労働者の不安を取り除こう

　統計は真実を物語っている。実は第一稿では「オジサン＝正規社員、若者＝非正規社員」という簡単な世代闘争モデルを筆者は想定してい

たが、編集者から証拠を提起せよと注文が付いたので調べてみた。そうすると、「高所得者層＝正規社員、低所得者層＝非正規社員」という階級闘争モデルが正しいことがわかった。

　厚生労働省はこの階級が固定されることを恐れて、下から上へ行く道を切り開こうとしているが、今のところは「大学在学中の就活で一生続く階級が決定される」というのが実情である。小学校の頃遊んだ"人生ゲーム"でさえ、仕事をいろいろと変えられるのに、「日本の会社は一体どうなっているの」という感じである。もっと正規社員の権利を緩くして、その分、非正規社員の給料を上げて契約期間を長くする手立てを考えるべきである。特に若者はまだ可塑性（粘土のように色々な形に変形できる特性）に優れているので、"鉄は熱いうちに打て"というように20歳代のうちに自分の仕事を選択させ、手に職を付けて専門性を高めることが重要である。「大学に進むこと＝専門性」ではない。高校に入ったら、ドイツのマイスター制度と同じように、専門学校に通いながら職場に弟子入りすることも考えられる社会にしたらどうだろうか。

　2012年、東大工学部の安全衛生管理室の忘年会があった。しかし、これが非常にノリが悪かった。この組織は大学の正規職員7名、非正規の常勤5名、非正規の非常勤10名の計22名で運営されている。正規は無期契約であるが、非正規は法人化前に採用した2名を除いて有期（1年ごとに最長5年）契約である。その非正規のうち、もうすぐ任期切れになる人が8名いるが、そこから3名はご高齢なのでリタイヤが確定していた。残りの5名のうち、雇用されてから任期が5年未満の3名は任期が継続するが、5年目を迎える非常勤2名は、クーリングオフ6カ月を挟まないと再雇用できない。もちろん正規社員と同じ無期雇用に変えるという選択肢もあるが、予算が削られている大学が許さないので事実上、解雇となる。道理で、皆が不安という霧に包まれているわけである。これでは忘年会を楽しむ余裕などないはずである。

第1章　工学部の教授から若者へ─若者よ、エンジニアになろう─

　リーマンショックからの回復後、どこの工場に行ってもラインには正社員が少なくなり、多くても半数にすぎない。その残りの非正規社員も、10年前から急増した請負社員や派遣社員ですらもはやなく、契約期間3カ月で更新を続ける契約社員である。昔ならば「真面目に働いていれば、周りが認めて正規にしてくれるよ。辛抱して頑張れ」と言えたかもしれないが、現実は周りも非正規だから誰も認めてくれない。一方で、正規社員は法律に堅く守られており、仕事が遅くても、精神に問題があろうとも解雇することは大変難しい。つい10年前まで、日本の工場には"溶接一級の誰それ"というように、技能資格者の名札が誇らしく貼ってあった。しかし、今はそれが外されている工場が多い。なぜなら、非正規社員が「自分より溶接の技術が劣る正規社員が自分の2倍の給料をもらっている」という理不尽さを訴えるからである。何という世の中であろう。こんな職場から、やる気が生まれるだろうか。

　日本の組織も、働く仲間の全員がフラットに契約社員になればよい。年俸制にしてプロ野球選手のように評価すればいいのである。大学の仕事のような、少しスペシャルな仕事の契約期間は7年くらいがよい。5年は一仕事するのに短すぎるし、10年だと仕事のできない人がやめるのを待つのには長すぎる。仕事の内容ごとに年収200万円〜2,000万円になるように、必要最小限の基本給と、自由に変えられる成果給を設定すればよい。途中で病気になったり、産休になったり、留学するのならば、基本給でしのげばよい。2013年3月に筆者はドイツにあるボッシュの工場を見学したのだが、このとき、従業員が週35時間と週5時間の2本立ての労働契約を結んでいることがわかった。ボッシュのようにドイツの会社は業績が悪化すると後者の労働時間を短縮して、いわゆるクルツ・アルバイト（短縮労働）を人員整理の代わりに実施する。世界にはこういう方法もある。

　また、仕事ができない人は"小普請組"（徳川幕府から家禄は払われ

1.10 労働者の不安を取り除こう

るが、仕事がない旗本・御家人)に入って、そこで基本給で研修を受ければよい。コンサルタントは今の学生が希望する第一の職種であるが、仕事にアサインされないと、アベイラブル(available、利用可能)という札を掛けられる。こうなると、辞めるか、社内求職活動するかしか手がない……。これはコンサル残酷物語として語られているが、それでもコンサルはまだマシである。まるで奴隷のように瞬時に解雇されて、しかも再就職できない貧乏の若者は大変である。筆者の母が急死したとき、家族と隠された書類を捜しまくったことがある。その結果、83歳の父の年金が月々40万円近くで、26歳のアニメーターの息子の給料よりも多いことがわかった。そんな老人がいる一方で、日夜、絵を描き続けても年収150万円に過ぎない貧乏な若者がいて、国は年に18万円も国民年金を払えと命令するのだから、変な話である。

　本章では日本の抱えるさまざまな問題点を述べた。楽観的な筆者でさえ、不安を抱える人達に囲まれていると、風邪がうつるようにブルーになる。しかし、エンジニアになろうとしている学生や、エンジニアとして活躍中の若手・中堅に、明るい日本を語りたい。本章を読む限り、いくら今の日本に閉塞感が漂っていても今すぐダメになるという状況ではないことが読者にはわかるのである。次の10年で誤った部分を修正し、その後は鳴かず飛ばずだが、豊さを維持すればよいのである。**第2章**から、これからの日本で個人がサバイバルする方法を述べていきたい。日本人のエンジニアでも、自己変革して、自分で考えて自分で決定するような性格に変われば、引退するまで絶えず仕事があり、幸せな人生を送れる可能性が増える。若手・中堅エンジニアが望む人生を歩めるよう支援するのが、筆者のような50歳代の責務である。

第2章

最近、失敗学も変化した

2.1 東日本大震災が、皆の興味を引くような失敗を変えた

2.1.1 設計に埋め込まれていた"地雷"から、「まさか」の失敗が起きる

⑴ 「つい、うっかり」の失敗よりも「まさか」の失敗が注目されるようになった

　安全週間(厚生労働省、中央労働災害防止協会が主唱者となり、7月上旬の1週間行われる)や品質月間(日本科学技術連盟等が主催し、11月の1カ月間行われる)の時期になると、筆者はこれまで十余年、大した変わりもなく、いろいろな企業で同じような失敗学の講演をしていた。ところが、2011年3月11日の東日本大震災が起きてから、主催者の趣旨がこれまでと少し変わってきたことに気付いた。

　こう言ったら元も子もないが、これまでは、筆者は緊張感の薄い"馴れ合い集会"に呼ばれて講演をしていた。何しろ日本は、商品も工場も安全で高品質で、人材のモラルも高い。もちろん、どこの会社も新聞沙汰になるような大事故や不祥事は起きていない。しかし、保険の意味合いも兼ねて、気合いを入れ直すために、安全や品質の集会を毎年、開催していた。講演の前後には、無事故や高品質の表彰式が開かれ、和やかな雰囲気が漂っていた。そんな雰囲気のなかでの講演である。筆者は"滑った、転んだ"の労働災害や、"壊れた、燃えた"の品質事故を、定番の"身近な失敗談"として話した。そうすると、観客もわかりやすいからウケがよかった。主催者からも「忘れかけていたリスクの復習として効果的でした」と礼を言われた。そして講演の最後に「"つい、うっかり"のヒューマンエラーを撲滅し、災害・クレームゼロで乗り切ろう」と精神高揚的な話で締めるのが常だった。

　ところが、東日本大震災後は少し状況が変化してきた。事前打合せで主催者から「先生、"想定外"、"予見不可能"、"まさか"の失敗をどう

2.1 東日本大震災が、皆の興味を引くような失敗を変えた

やって防ぐのかを聞きたいのですが」と言われることが増えた。しかし、そもそも、それらは発生確率が非常に低くて、普段は考えていなかった失敗だから、話すべき過去の事例が集まりにくい。「まさか」の失敗は、ハインリッヒの法則のように、「つい、うっかり」の頻発の小事故の一つが確率的に大事故につながったという性格の失敗ではない。それよりは、兆候の小事故を伴わずに、いきなり大事故が起きたという失敗といえよう。

図 2.1 に示すように、失敗の損失を高さで、失敗の発生確率を断面積で示せば、「つい、うっかり」はピラミッドで、「まさか」は針である。根元の小事故の確率に大きな差がある。「まさか」の失敗は小事故が少ない。「つい、うっかり」のように過去に頻発した小事故を思い起こして、事前に大事故を予防できる、という性格のものではない。「まさか」の失敗を防ぐには、自分の脳をフル回転させて、将来に起きるであろうシナリオを必死に考えるしか手がない。そうした"想定外"と騒がれる事故の最たるものが福島第一原発の放射能汚染事故であろう。この事故

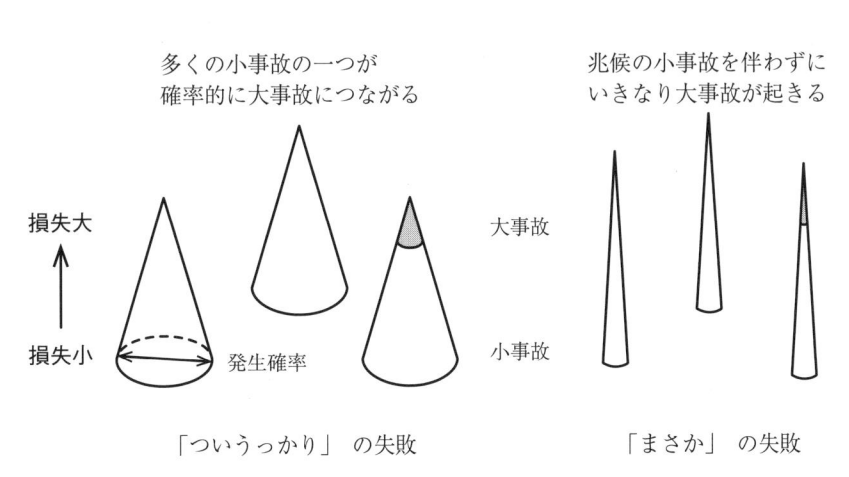

図 2.1　「ついうっかり」と「まさか」の失敗

はどこから先が想定外で、どこまでが想定内なのかが、発生して2年も経つのに専門家でも容易にわからない。第3章で福島第一原発の事故をもう一回、整理している。失敗学を理解するのに原発を理解する必要もないが、この事故を失敗学の分析プロセスの"たたき台"として用いると、エンジニアはどこまで想定すべきかというラインが見えてくる。

(2) 設計のアチコチに"地雷"が隠されている

　実のところ、この福島第一原発の事故は、エンジニアが「これ以上のリスクを考えると、設計に着手できないので、今はこの辺で考えるのを止めておこう」と、リスク対策を怠っていた"急所"を、ちょうど天から突かれたような事故である。エンジニアは中国のことわざの"杞憂"みたいに、天が崩壊するリスクで寝食を忘れる状態になると、一歩も前へ進めなくなる。これは、新しいことに挑戦するときには、困りものである。鉄道の信号の青は「進め」を意味しているが、「止まるな」という命令も与えている。新人の運転手が、カーブの先やトンネルの中を心配して、いちいちブレーキをかけていたら、電車は定時運行できない。

　このような急所は、どの現場、どの製品にも存在する。歴史の長いものほど、直せないままに数多くの急所が残されている。東京電力固有の問題というより、エンジニアに共通する問題なのである。筆者はこの急所を"地雷"と呼んでいる。これはあたかも"地面"の下に隠れており、一目では見つけられないが、エキスパートならば「大事故を起こすのならば、ここからしかない」ということくらい薄々わかっている。しかし、それを防ぐには面倒でコストがかかるから、「わざわざ地面を掘り起こして"地雷撤去"せずに、『近寄るな』という看板を立てて暗黙知を共有しているだけ」で放置していた。実に厄介な急所である。

　たとえば、筆者の大学にある工学部の建物は、小さいものまで含めると20棟あるのだが、建物の屋上に高置水槽を設置していない建物も10

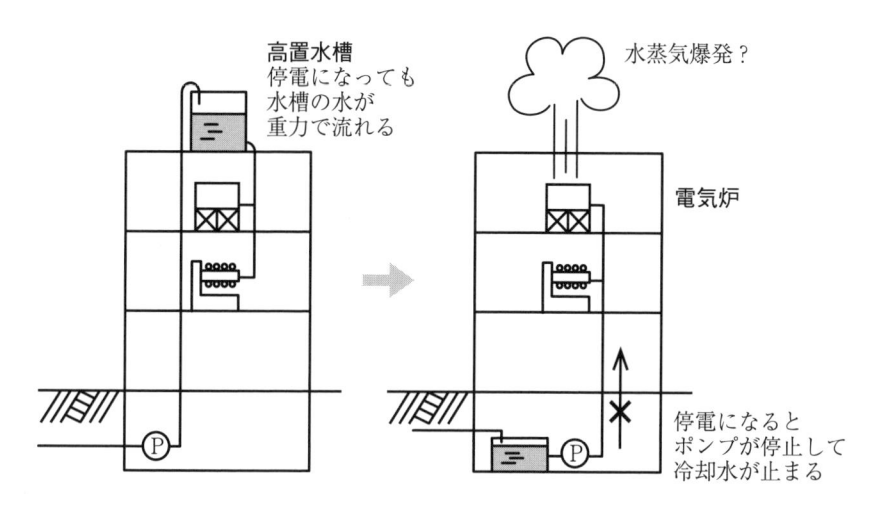

2.1 | 東日本大震災が、皆の興味を引くような失敗を変えた

図2.2 大学の"地雷" —停電になると冷却水も止まる—

棟もあり、停電になるとポンプが止まって水道も止まる。ところが、**図2.2**に示すように、水道を冷却水として流し続けている電気炉も数多くあるので、冷却水が止まると、装置内に滞留した水が沸騰して水蒸気爆発を起こし、チェルノブイリの原発同様に、電気炉が高温の内容物ともども吹き飛ぶ恐れがあることがわかった。近頃のマンションも、管理棟の地下に水槽を置いて、ポンプで高層階に上げることが多いが、それと同じである。しかし、東日本大震災後の計画停電のときに初めて指摘されるまで、誰も気づかなかったのが実情である。こうした地雷はアチコチに埋まっているのである。

(3)「まさか」の失敗は、放置された"地雷"から起きる

福島第一原発の事故から1年8カ月後、2012年11月に東電の内部改革の状況をNHKが『クローズアップ現代』で取り上げていた。その番組によると、東電は、配管亀裂やシール漏れのような、発生頻度が大きいが損失は小さい「想定内のリスク」を重視し、一方で巨大津波や隕石

第2章　最近、失敗学も変化した

落下のような、発生頻度は小さいが損失が大きい「想定外のリスク」を"足切り"していた。前者は検査で「つい、うっかり」と見過ごすと起きる失敗であるが、これが重なると修理に時間がかかり、原発の稼働率が低下する。東電は、稼働率を現状の60％台からアメリカ並みの90％台に上げるために、その「つい、うっかり」の撲滅に注力していたわけである。図2.3に示すように、発生確率の大きい失敗から順番に、失敗原因を手当てしていけば、少ない労力で稼働率は上がり、休業災害は減る。しかし、会社が倒産し、社会が混乱するような大失敗は、発生確率が小さく、足切りしていた「まさか」のほうで起きるのである。そして実際、発生確率が小さいので放置されていた"地雷"から失敗は起きたのである。

2013年2月15日のロシア・チェリャビンスクに落ちた隕石は、直径17m、重さ1万tで100年に1回の襲撃といわれている。そうはいって

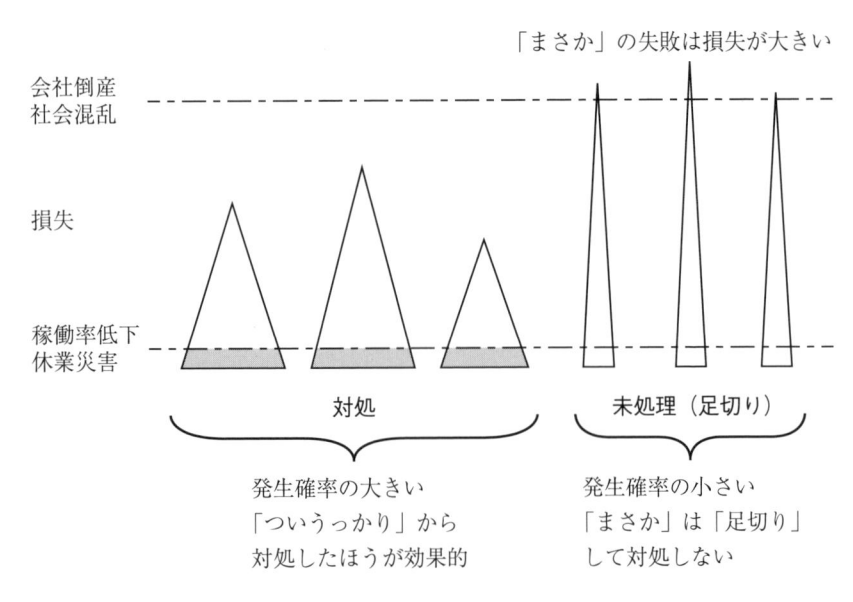

図2.3　「まさか」の失敗の対処は"足切り"される

も、これが予告なしに原発に直撃したら、緊急に核分裂を停止することもできない。これを杞憂で済ましてよいのだろうか。"国際隕石監視機構"や"隕石軌道逸脱兵器"を本気になって作るべきである。

今回の大事故が防げなかったのは、仮に「つい、うっかり」の軽微事故を撲滅しても、「まさか」の重大事故は別個のシナリオだから防げない、というところにある。そもそもシナリオが違うから、ハインリッヒの法則が成立しないのも当たり前である。たとえば、野球で緻密なプレーができても、その選手がスキーのジャンプ競技でK点越えするとは限らないのと同じである。ルールが違い、使う筋肉が違うのだから当たり前である。

2.1.2 "地雷"撤去の必要性は社会が決める

(1) リスクとベネフィットのバランスは社会が決める

マスメディアに共通する視点であるが、「利益と安全性が対立していたが、利益を追求したら大事故に至った。ゆえに経営者の利益優先が事故の主原因である」というような"経営者悪人説"が大好きである。だから、ひとたび事件が起きれば第4章にも紹介するように、2007年の赤福の消費期限偽装事件や、2000年の雪印乳業の集団食中毒事件と同じような構造が指摘され、事故は"事件"になる。両者とも仕損率を極限のゼロにまで下げようとした。赤福は売れ残りを冷凍して消費期限を延ばし(たのは構わないが、ズルして解凍した日を製造日にした)、雪印は黄色ブドウ球菌が出たロットを加熱殺菌して再利用した(けれど毒素は殺菌できなかった)。つまり、これらの稼働率重視の副作用という"地雷"を、当事者はこれまで、埋めた事実を知りつつも処理せずに放置していたのである。後になって大騒ぎになってから、「地雷撤去を事前にやっておくべきだった」と反省しても後の祭りである。地雷撤去の必要性は社会が決めることである。エンジニアは、会社の従業員として

ではなく、社会の一員として、事前に地雷を撤去すべきか否かを判断すればよい。

1963年の三池炭鉱の炭塵爆発事故のように、「経営者が利益を出すために、坑内に水を撒いて炭塵を清掃する保安員を減少させた」という故意に近い事故は、確かに保安の判断が不適当であり、経営者は有罪である。しかし、原発の稼働率を上げることは、それほど単純な利益優先策ではない。もともと定期検査の基準を極端に安全側に設定していたので、それを少しずつ緩めようとしていたのにすぎない。福島第一原発の事故後はさらに基準が厳しくなって、2012年の暮れに、敦賀、東通、大飯の各原発の活断層が再審査された(もっとも2012年12月に就任した安倍晋三首相は原発再開を強力に進めて、本書執筆時点でまだ先は見えない)。プレート境界地震に加えて、40万年前以降の活断層による地震まで考えると、北海道のオホーツク海沿岸以外、日本に安全な場所があるのだろうか。原発の寿命は40万年の1万分の1、たかだか40年である。40万年ならば、隕石落下や深層崩壊の確率のほうが高くなるのではないだろうか。こうなると、地雷撤去の決断は技術的というより、政治的な問題である。

(2) **日本の製造業における最大の地雷は"寿命"である。**

企業の目的は利益を出すことである。利益が出せないのならば休業して活動しないほうがマシである。しかし、現実にはその大切な利益と、安全・環境・品質・法規とが対立することは頻繁に起きる。「両者のバランスをどれくらいにするべきか」は非常に難しい問題である。その閾値を決めるのは、社会やマスメディアであって、エンジニアや経営者ではないうえに、時間とともにその決まりが変化するので現場も困ってしまう。特に困るのは、製品の事故が起きて世間が騒ぐことで閾値が変化してしまうことである。記者会見で「事故が起きる前に、すでにこの閾

2.1 | 東日本大震災が、皆の興味を引くような失敗を変えた

値が法律で決められていた」といくら言い訳しても、「世間が同意したわけではないから同業者同士の陰謀に近い」といわれて責められる。こうなると、どうやって製品設計を始めればよいのかわからなくなる。たとえば、10年耐える設計と100年耐える設計とでは、使うべき材料も違ってくる。先に寿命を設定しないと、設計が始まらないのである。

2000年までは「家電は10年、自動車は15年・走行距離15万km」という"寿命の相場"があったけれど、メーカーの信頼性設計能力が高くなり、ユーザーの"モッタイナイ精神"が高くなったので、現実はこのような設計時の想定寿命を超えて使われている。それなのに「経年劣化で壊れたのはすべてエンジニアのせいだ」と責められるのは、"後出しジャンケン"に負けるようなものである。

図2.4に示すように、リスクとベネフィットが釣り合うように製品は設計されるが、社会がそのバランスを決める。このとき、リスクは安全・環境・品質・法規のリスクであり、ベネフィットは利益である。大きなリスクが許容されるのならば、事故が起きない限り、対策費が抑えられ生産コストが減るので、大きなベネフィットとして利益が増える。逆に世間が小さなリスクしか許容しないと、対策費がかさむので利益は減る。そのバランス調整が流動的に行われるのである。

日本の製造業で一番大きい地雷は上述の"寿命"である。現在は法定

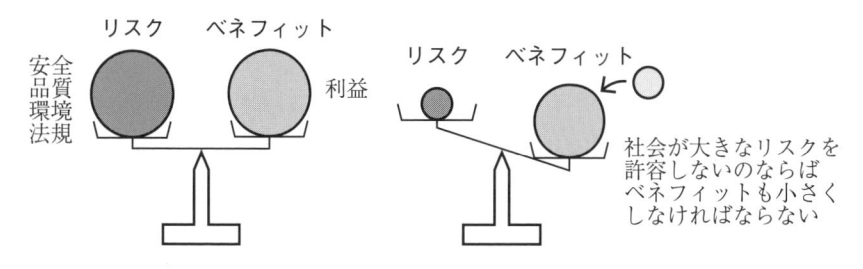

図2.4 リスクとベネフィットのバランス

寿命がないから、いくら古い製品でも、ユーザーが使用中に事故を起こしたら、メーカーはリコールしないとならない。自動車のように10年すぎても3年おきに車検があればそのときに対象となった全車を直せるが、テレビや洗濯機のような家電製品は誰が使っているかも追跡できないと何年経っても直せない。パナソニック製の石油暖房機は200億円も使ったのにまだ全機を回収できていない。25年前の機種でも使っている限り、たとえば、絶縁部が劣化してアークが飛んで製品が出火したら、すべてメーカーの責任である。家電メーカーは"死に様"試験と称して、自社の古い製品を壊れるまで酷使させ、壊れるときの状況を調べている。それでも、「まさかそのような使い方をしているとは……」と絶句させられるようなユーザーがいるので、いつまで経ってもリコールが収まらないのである。

2.1.3 "ガチンコ"の実戦訓練を行えば、"地雷"の隠し場所がわかる

(1) "予定調和の訓練"を実施している限り「まさか」の失敗は防げない

失敗学は歴史学のように、過去を調べて将来を見通す学問である。そこで筆者は福島第一原発の事故に関して、まず、第3章に示すように、多くの報告書に目を通し、いくつかの原発を見学することから始めた。経験重視のエンジニア的なアプローチである。その結果、「大津波は想定外だったが、その対処は想定内だった」と筆者は考えた。つまり、東電が責められるべきことは後者の対処のやり方であり、「全電源喪失が低発生確率だと信じて、準備・訓練を疎かにしていた」ことにある。

東電はこれまでに、「全電源喪失時にどうすればよいのか」は薄々考えていたが、「本当にその対策が実行できるのか」まで考えていなかった。具体的には、「安全弁やベント弁のようなバルブを手動で開けて圧力容器を短時間で減圧できなかった」ことが現場で起きた最も致命的な"地雷"であった。前もって道具を準備して訓練を重ね、減圧操作を1

2.1 | 東日本大震災が、皆の興味を引くような失敗を変えた

時間以内に実行できていれば、国土を失い16万人もの国民を避難させるような大事故に至らなかったはずである。

失敗学の講演のときに、「想定内の訓練・準備だったのに、うまく実行されず、損害拡大を阻止できなかった」と筆者が述べると、聴講者から「もっと難しい物理現象や化学反応が原因だと思ったのに、バルブの開閉ではあまりにも初歩的すぎて、日本のエンジニアとして情けない」とアンケートに書かれたことがある。でも大事故と小事故との分かれ目は、いつでも初歩的でお馴染みのことである。人類初の未知なる現象が頻繁に起こるはずがない。もしも神様のお告げがあって、事故前日に自動車用バッテリー200個とエンジン付きコンプレッサ10台を近くのDo it の店から購入し、津波が来たら建屋のブローアウトパネルを外し、消防自動車を高台にあと3台置いていたら、国際原子力事象評価尺度のレベル7(チェルノブイリ原発事故並み)ではなく、レベル5(スリーマイル島原発事故並み)くらいの事故に抑えられたであろう(理由は第3章で述べる)。中部電力浜岡原発のように、1,200億円で高さ20mの防波壁やシュノーケル付きの水密ドアを建造するのに比べれば、このコストは1,000分の1程度にしかならない安価な対策案である。しかも、原発のプロが直流電源まで含めた停電を前提にシナリオを考えれば、誰でもそれらの訓練・準備の必要性に行き着くくらい簡単な話である。

『証言 班目春樹 原子力安全委員会は何を間違えたのか?』(岡本孝司著、新潮社、2012年)を読むと、委員長の班目先生も、事故当日(2011年3月11日)の夜8時頃には、「減圧してから消火用のポンプで冷却水を注入するしか手はない」と考えて、作戦を練り始めている。現場の福島第一原発の吉田昌郎発電所長も11日の夕方5時には、同じシナリオの作戦を指示している。ところが班目先生は、「原子力安全委員会には福島第一原発の図面がないので詳しい手順を導けなかった」と述べている。第3章でも述べるが、同時期に同規格で作ったプラントでも弁や配

線の位置は異なるのである。詳細図面がないと具体的に対策が打てないが、東電はテロ対策のために概略図しか原子力安全委員会に提出していなかったのである。どおりで、具体的で有効な対策案が、現場より200km 離れているおかげで、慌てずに熟考できるはずの東京から出て

(a) 東京から現場を助けようにも図面が東京になかった。

(b) 放射線防護服を着ると声が届かずコミュニケーションがとれなかった。

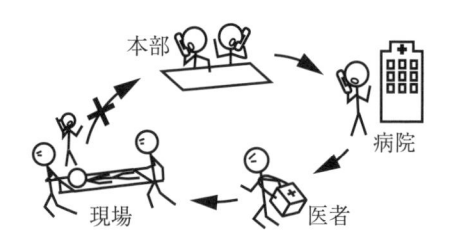

(c) 現場→本部→病院と連絡して医者が派遣される訓練のなか、混線していたのに医者が来た。

(d) 避難訓練後、館外からPHSで連絡するはずなのに、こっそり館内に戻って有線電話で連絡していた。

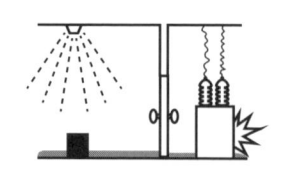

(e) スプリンクラーでボヤは消せたがスプリンクラーの止め方がわからなかった。

(f) 地震で避難したはよいが、館内に戻ってよいかがわからなかった。

図 2.5　訓練・準備が不足していると、いざというときに対処できない

2.1 | 東日本大震災が、皆の興味を引くような失敗を変えた

こなかったわけである。そもそも、図 2.5 (a) に示すように、東京が現場を助けて熟考するという訓練はなく、その準備もなかった。

2.1.1 項(3)でも述べた NHK の『クローズアップ現代』では、東電社員が酸素ボンベと放射線防護服を着用して、本番さながらに二人一組で圧力容器脇のバルブを開けに行く訓練を放映していた。このとき防護服完全着用の 2 人組では、図 2.5 (b) のように、肉声ではお互いにコミュニケーションがとれないことがわかった。これは訓練を実施したからこそわかったことであり、大事な知見である。しかし、実際の現場では、たとえ訓練でも失敗すると、「やっぱり原発は危ない」とマスメディアや市民にいわれるから、あらかじめ、訓練内容から失敗しそうな作業を除いてきたのである。放射能汚染地帯で作業できるロボットの開発を東電が中止したのも、こうした思想が根底にあるのである。「安全な原発が放射能汚染するはずがない」と信じれば、除染システムやヨウ化カリウムが準備されていなかったことも当然の結果である。

当該番組では、これらの過去の訓練を"予定調和の訓練"と揶揄していた。でも筆者にとっては、大学の災害訓練も役所的でそれに近いから、東電を他人事のようには責められなかった。たとえば 2011 年 12 月に行った、東大工学部と大学本部との共同訓練では、10 分刻みで進行する計画表が本部から送られてきた。図 2.5 (c) に示すように、「工学部で爆発が起きて怪我人が出て、それを工学部から本部に連絡し、本部から附属病院に連絡して、附属病院から医者が来る」という筋書きだった。しかし、特定の内線に通話が集中したのか工学部から本部に連絡できないうちに、何と医者が計画表の時刻どおりに来てしまった。本部の実行責任者にとっては"結果オーライ"だが、それでは「特定の内線の本数を増やすべきだ」という訓練して初めてわかった知見が消えてしまうのである。実際、報告書にはその知見が消えていた。

福島第一原発で必要とされた技術とはつまるところ、核とか放射能と

かの特殊技術ではなく、どこのプラントにも存在するバルブの手動開閉技術だったのである。安全がテーマの講演で「これは想定内の話である」と筆者がいうと、聴衆も主催者側も満足してくれた。「ナンだ、そんな簡単なことだったのか」といって。でもいくら簡単なことでも、普段やっていないことは、急にやろうとしてもできない。身体が思ったように動いてくれないのである。何事もイメージトレーニングは欠かせない。つまり、脳で仮想訓練しておかないと、脳から身体へ神経軸索に電気が流れず、本番に対する準備ができないのである。サッカーでも、例えばセンタリングをオーバーヘッドシュートしてボールがゴールネットに突き刺さるまでをイメージトレーニングして準備する、というプロセスがないと必要とされる技術を本番で実行できないのである。

(2) 大学だって "実戦訓練" でわかることはたくさんある

　安全衛生管理室長として筆者が福島第一原発事故から得る教訓は、「日頃の実戦訓練がイザというときに役に立つ」であった。火災や地震の避難訓練は毎年やっているが、大事なのはこの「実戦訓練」である。上述したように、予定調和の訓練だと何年やっても役に立たない。

　たとえば、東大工学部では実戦訓練を目指して、震災から3カ月後の2011年6月に避難訓練を行った。今回は、教職員・学生が館外に避難してから、各号館の事務員が決められたとおりに、内線のPHSで対策本部と連絡をとることを頼んだ。PHSは大学内に非常用発電機をもつので、たぶん、大地震でなければ携帯電話よりも高い確率で連絡できる。ところがそう依頼すると、訓練前に各号館の事務室から、「PHSは古くて壊れたので（または、いつの間にか紛失したので）以前から使っていない」と答えてきた。ではこれまでの毎年の訓練では、どうやって連絡していたのだろうか。そこで正直に自白してもらったが、何と**図 2.5 (d)**に示すように、館外に避難後、事務員が館内の事務室にこっそり戻って、

2.1 | 東日本大震災が、皆の興味を引くような失敗を変えた

そこから有線の内線電話で連絡していたそうである。オイオイ、「館内は危険だ」という設定ではなかったのかい。とにかく、これで新たな"地雷"の隠し場所がわかった。

こうした問題はありつつも何とかPHSを新規購入して本番の訓練に臨んだが、やはり内線の本数が足りないのか、話し中でなかなかつながらなかった。そこで「対策本部から5号館に伝令を走らせよ」と総務課長が命令したら、伝令の臨時職員が「5号館はどこですか」と聞いてきた。誰かが「1号館の裏」と教えると「その1号館はどこですか」と聞いてくる。結局、課長が走った。事務の仕事を非正規の非常勤職員に頼り過ぎるからこういうことになる。任期が1年ごとの更新と短いため、仕事場の地図が頭に入っていないから、当然である。この教訓として、対策本部には大きな"構内地図"が不可欠であることがわかった。ちなみに東大工学部は、正規職員（パーマネント）の比率は教員で6割、これに事務・技術職員まで加えると4割である。工場と同じように、半数近くが非正規職員なのである。福島第一原発の事故時でも、消防車を運転できるのは子会社の南明興産の社員だけだったのに、東電の幹部は彼らに「生命を賭けて原発前で運転して欲しい」とは言い出し切れず、消防車の活用が遅れた。第1章で述べたように、同じような労働組織上の"地雷"は日本国中、どこにでも埋まっている。

さらに、予定調和ではない"ガチンコ"の実戦訓練が必要であるという実例として、6年前、東大工学部のある地下実験室で早朝生じたボヤを紹介する。このとき幸いにも、ボヤ自体はスプリンクラーが作動して消火できた。ここまでは良かった。しかし、**図2.5**(e)のようにスプリンクラーの水が止まらない。水が隣室の電源室に流れ込み、地絡寸前になった。スプリンクラーの作動も初めてだったし、もちろんこの停止も初めての作業である。周りの事務員ではさっぱりわからず、出動してくれた消防隊から"非火災"のボタンを教えてもらい、やっとこさ、水が

45

止まった。このとき、事態は二次災害直前であった。安全装置のスイッチオフは、普通は想定外である。火災訓練でもやったことがない。

また、昨年の東日本大地震で実際に避難してわかったことだが、**図2.5（f）**に示すように、「避難後、部屋に戻ってもよいのか否か」の判断が誰にもできなかった。なにしろ毎年の地震訓練では避難して、集合場所で点呼をとったところで終了になる。このトラブルも想定外であった。でも、この先をちょっと考えれば、どうすべきであるか、誰でも容易に決定できる。つまり、館内には入るべきではない。建築診断士かそれ相当の人が回ってこないと、建物が崩壊するか否かは判断できないからである。この教訓を活かして、東大では建築診断士相当の知識を有する教職員を診断委員に任命し、彼らの判断を待たずに館内に戻ってはいけないという規則を作った。

福島第一原発の想定外の失敗は、このような些細な想定外の集まりだったのである。悲しいことに、欧米の原発では前述のバルブの速やかな手動開閉動作が想定内の事態になっていた。欧米では考えられていた事態を、日本では誰も考えていなかったのである。「製造物責任法」と同じように解釈すれば、考えなかった東電が悪いことになる。

もっとも、原発は鉱山と同じように、「無過失責任」が事業者に課せられているので、事故が起きたら自動的に事業者の責任になる。原子力安全・保安院は昔の鉱山を担当した部署だったそうで、今でもその辺の保安のプロがいるはずである。しかし、前述の『証言 班目春樹』では、「寺坂保安院院長が菅首相に叱責されて首相官邸から逃げてしまい、対策を立案する立場にはないはずの班目委員長が、代理で菅首相のお相手をして怒鳴られ役になった」という旨が書かれている。こういう緊急時に文系出身の役人がトップに立って、保安のプロたちがまるで役に立たなかったのも、日本の不運であった。1955年に起きた森永ヒ素ミルク事件では、森永乳業の工場長が事務出身の文系で、技術的な専門知識が

ないと判断されて無罪になった。それ以来、「文系だから」が逃げ口上になってしまったが、この大きなツケを福島第一原発事故で払わされることになった。

(3) 「まさか」の失敗が会社を潰す

　このように、東日本大震災を契機に、安全週間や品質月間で対象にすべき失敗が、「つい、うっかり」の失敗から「まさか」の失敗へと、皆の興味の対象が移った。もちろん、「つい、うっかり」の失敗は依然として数多く存在するのだが、それらが多発しても利益は減るだろうが、会社が潰れることはない。一方、「まさか」のほうは不幸にも1回起きると、たちまち、東京電力のように経営権を保持できなくなる。いや、東京電力は日常生活に必要なインフラ会社だから特別に国家が助けるのであって、普通の民間会社ならば確実に倒産である。

　筆者は2012年、化学工場から安全集会の講演の仕事をいただいた。ところが、講演の1週間前に同じ会社の別工場で爆発事故が起き、死傷者が出てしまった。3日後、その講演はキャンセルになった。仲介してくれた講演斡旋業者に理由を聞いてもらったが、「事故が起きて安全どころの話ではない」と言われたらしい。工場の装置が破壊したという損失だけでなく、工場で作っていたはずの製品の利益までも失ったので、安全担当者はてんてこ舞いなのだろう。

　筆者の安全管理室のモットーは「火消しより火の用心」である。火消しに必要なエネルギーは莫大であり、一度、火が出たら、通常業務はオールクリアーになる。普段から、退屈でも地道に火の用心を遂行しないとならない。このパッとしない地味さが、安全・品質・環境・法規のような後ろ向きの仕事の担当者の辛いところである。

2.2 日本の安全と品質は、相対的に劣化した

(1) 「つい、うっかり」の失敗防止や、小集団活動的な品質改善で追いつかれた

　本節の題目「日本の安全と品質は、相対的に劣化した」を、「本当にそうだ」と感じている読者も多いだろう。もちろん日本の安全と品質のレベルは依然と高い。しかし、その優位も、欧米を始め、韓国、台湾、中国が、日本のお家芸だった「つい、うっかり」の失敗防止や、小集団活動的な品質改善のやり方を身につけて追いついたのである。昔以上の安全と品質のレベルを達成するためには、「まさか」の失敗防止や皆が驚くような独創的な品質を世界に示さなければならない。

　この発想転換の必要性は、実は日本の教育、研究、政治、サービスなどにもいえることである。20世紀的な成功シナリオは世界中で達成できているので、その次を狙わないとならない。本書では、その狙い目を探す能力として、"違和感"を挙げている。上述の"地雷"を探すのは、まだ地面から頭を出していない竹の子を掘り出すようなもので、素人は気づかずとも名人なら地面のちょっとした水分の差に気づいて、すぐに掘り出してしまう。このような微妙な直観的思考能力は、不思議なことにある人にはあって、ない人にはない。この能力を育成するためには、一体、どのような教育が必要なのだろうか。

　実は筆者が"違和感"を重視するまでに、東日本大震災後、約2年もの助走期間が必要だった。この力をもった人は、「まさか」の失敗を予知し、「まさか」の成功をお膳立てできる。違和感の重要性に気づくようになるまでの出来事を次に記していこう。

(2) **大学で企業の先端研究を請け負う**

　東日本大震災から本書を執筆するまでの約2年間、筆者も四苦八苦し

2.2 | 日本の安全と品質は、相対的に劣化した

て、本業の生産技術と、副業の失敗学で生き延びていた。

　本業では、企業との共同研究契約によって教育用の講座を設置する社会連携講座に注力した。2011年に2講座を新規スタートさせ、計3講座をコマツ、デンソー、古河スカイアルミの3社から出資された研究費で運営した。それ以外にも文部科学省からの科学研究費や企業からの共同研究費をバラバラと出資してもらい、総額が1.5億円に達した（のにもかかわらず、教員仲間と学生たちが群がって、気がついたらキチンと使い切ってしまった）。冷静に考えれば、筆者の研究が優れているのではなく、世の中の潮流に乗ってこの社会連携講座が必然的に生まれたのである。筆者はこの潮流にプカプカ浮いているのにすぎない。

　東京大学には、社会連携講座（企業は金を出すから契約どおりに成果を出してくださいという仕組み）と寄附講座（企業は金を出すが研究内容には口を出しませんという仕組み）がある。2008年に筆者らが初めて社会連携講座を制度設計した頃は、30件くらいの寄附講座しかなかったが、2013年の今、合わせて122件と急増し、1年に総額40億円も稼いでいる。これは東京大学の研究レベルが急激に上昇したからではなく、企業の中央研究所が急激に縮小したためである。

　筆者がちょうど就職する30年前（1980年代の初め頃）、雨後の竹の子のように社長直属の"中央研究所"ができた。しかし、2000年代に入ってさすがに20年経っても一つの新商品も生まないことが判明すると、バタバタと縮小していった。可哀想なのは、筆者らの世代である。1980年代には、これからは"R&Dの時代"だとかいわれて、颯爽と中央研究所に入所したのに、いよいよ研究部長の椅子に座る直前で、工場に出されてまた一兵卒からやり直しとなったのである。

　これに比べれば、現在の大学で、今から5年後、10年後に一か八かでかけるべき先端研究を企業から任されたのだから、それはそれで大学人にとってはラッキーであった。筆者の同期の友人と飲むと、2人に1

人は「アー、大学に戻ってゆっくり研究するのが夢だ」と嘆じる。大学の内部を知らない彼らは、今や大学が激しい競争の舞台となっていることを知らない。それも仕方がないことである。R&D時代の生き残り世代にとって、筆者でさえも大学に転職してうまくいった成功例に見えるくらい大変である。一方、企業も、共同研究の大学の成果がイマイチならば、遠慮なく、契約を延長せずに教員を切り捨てられるので、後腐れがない。中央研究所で研究者を雇うと、成果が出なくても定年まで面倒を見なければならない。正規社員をできるだけクビにしない、という世界のなかでも極端に守られた日本の労働行政のお陰で、筆者は大学で美味しい仕事を得たのである。世の中、何事も塞翁が馬である。

(3) **日本の安全・品質は、世界のなかで相対的に弱くなった**

東日本大震災以来、筆者の副業の失敗学のほうは"鳴かず飛ばず"で推移した。もっとも、企業の安全、環境、品質、法規のブレーキ役のような部門から、週1回程度のペースで講演やコンサルタンティングの仕事は入った。そのようなときに、どういうわけか日本科学技術連盟の仕事もいただいたのである。2012年11月に行われる品質月間というイベントに合わせて「品質月間のテキスト」を書いて欲しいというご依頼である。依頼された仮題は「失敗と安全～身近に潜む失敗学」であった。つまり、ヒューマンエラーを克服した話がご所望らしい。「ヘェー、震災以前の時代遅れの題目だなあ」とちょっとビックリした。そして、その後がさらに驚きで、2012年の品質月間のテーマが「品質力再興　やっぱり日本品質！」であった。これに合うように書かねばならない。はてさて困った。

今の日本の製造業、それも安全管理や品質保証の従事者のなかで、こんなに無邪気に安全や品質を誇っている人はおそらくいないだろう。安全も品質も、確かに先進国並みでトップグループに入っているが、もは

や世界一でも何でもない。世界一に手が届きそうだったのは1990年頃までである。もはや、韓国や台湾にも追いつかれ、相対的には劣化しているのが現実である。

(4) 日本の大学の研究・教育レベルも相対的に弱くなった

　日本の安全・品質の相対的劣化は、大学の研究・教育のレベルの相対的劣化と軌を一にしている。後者の研究も前者の品質の高さと同様、無邪気に「日本の若者は勤勉で優秀で、東京大学は世界でもトップ10に入る」と誇れたのもつい1995年頃までの話であった。今や、あっという間に個人戦では韓国人や中国人の研究者のほうが光るようになり、団体戦でも北京大学やシンガポール大学に追い抜かれてしまった。The Times Higher EducationのREPUTATION(研究者同士が投票し合う大学のランキング)では東京大学は世界8位になっている。確かに、現在の研究成果と過去からの名声だけを比較すればこうなるだろう。しかし、教育面では留学生の対処が悪いし、研究面では英語圏のお仲間に入れずに論文の引用数がイマイチだから、他のランキングでは理系でも15位くらいになってしまう。文系だと英語論文や留学生がさらに少ないから、もっと落ちて40位くらいになる(世界の評価軸において理系は踏ん張っているが、文系が真っ逆さまに墜落しているのが日本の大問題である。……であるがそれをいうと、文系からの集中砲火に合うので、ここで終わり)。

　2012年から東京大学は"秋入学でグローバル化"を目指すことが話題になっているが、それで事が済むほど話は簡単ではない。目的がグローバル化だと、手段は秋入学だけではないからである。講義を欧米と同レベルにまで上げ、単位を相互に交換可能にし、講義では英語で話し、話せなくてもテキストはバイリンガルにすべきである。そうすると、どれくらいの割合で、今いる教授たちが合格者として残るだろうか。筆者

の講義は怪しい。なにせ、話も黒板もバイリンガルではなく、日本語のみである。そこで、2012年になってから心を入れ換えて、英語教育を目指すことにした。冬学期には機械工学専攻の3年生全員に英語のe-learning を課した（しかし、未だに大半の教授は大学で教えることに反対している。英語は個人で身につけるべき能力でスポーツと同じだから、という理由で）全部で14コマ（1コマ 1.5時間）やるのだが、機械力学に出てくる専門用語を 1,000 語くらい詰め込んで、基礎的な法則くらいは英語で説明できるようになってもらう。とりあえず1年目の成果が出たが、さすが東大生は詰め込み学習には強く、80%の学生はあっという間に 500 語以上を暗記してしまった。今や英語は中世ヨーロッパにおけるラテン語と同じ、エリートに必須の言語である。エリートに必要な情報の多くが今や英語で書かれているのだから。

　修士課程に進むと、半分くらいの学生は学会で海外発表するから、e-learning はそれのお稽古として有用である。日本に多くの研究者を短期的に招聘して学生が討論するチャンスを増やしているが、「英語が通じない」と落胆している学生も多い。その原因の一つは、発音が悪いことではなく、声が小さいので相手が聞き取れないことにある。だから自信をもって大きな声で話せばよい。また、英語が悪いのではなく、話自体が面白くないこともある。日本語で楽しい話をできない人が、英語で楽しい話ができるはずがない。だから、普段から話のネタを仕込み、相手の興味を引くように話術を磨くべきである。

　大学には、小学校の指導要綱のような親切なマニュアルがないから、教員にも教育の企画能力が望まれている。講義ノートを黒板に写すだけで、学生が全員、寝てしまう講義を繰り返す教員は、今や、先生のほうが即刻"退場"である。この時代、大学は学期末になると、きちんと学生にアンケートをとるから、何かあれば普通の教員は改善する。たとえば、パワーポイントを使うと学生の頭がついていかないので必ず内容を

板書し、またはパワーポイントのコピーを渡す。また、試験の問題用紙と解答用紙を別々にして問題用紙を渡すと、カコモン(過去の問題)サイトが充実しているので、来年に同じような問題を出すと全員が満点をとってしまう。そうなると、真面目に勉強した学生からクレームが来る。だから、問題用紙に解答させて回収する(それでも配布時のドサクサに携帯電話で撮影する輩もいるから、イタチゴッコに終わりはない)。

　目的を提示するだけならばナンとでもいえる。問題は実現可能な手段の提示とその実行である。21世紀に入り、世の中の流れが急に速くなった。この流れについていかないと筆者も容易に転覆してしまう。大学は浮世から離れた桃源郷であると思っている人が世間には多いかもしれない。しかし、激しい競争で皆が己の将来に不安になっている点からいえば、実は民間企業と同じくらいかそれ以上に世間の荒波が直撃しているのである。

2.3 ｜ 日本の安全・品質を高めるのは、違和感をもった変人である

(1) 日本の製造業の将来像は、ヨーロッパの製造業であろうか

　日本の製造業はどのような国の設計文化を目指すべきだろうか。フィーリングの話になるが、筆者はヨーロッパのイタリアやフランス、ドイツを合わせたような国だと思う。つまり、世界中の人が日本の商品を買って、その結果、日本の文化に憧れるような国である。今さら、安くて壊れない大量生産品を作るような、20世紀型の"モノ作り大国"であるべきではなかろう。多分、美しく使いやすく、かわいがれば自分に馴染むような商品を作るような、高級職人の国になるべきであろう。この高級職人の国にピッタリの理想的な個人像が、実は本節の題目にある"違和感を持った変人"である。とにかくいろいろなことに好奇心を示し、不恰好や使いにくさに気づく人なのである。

第2章 最近、失敗学も変化した

　筆者は、本業の生産技術に関して、ドイツを素直に「凄い」と感じている。1995年頃は工場がドイツ本国から東欧に流出し、ドイツの大学の機械工学科も定員割れになっていた。このままイギリスのように沈没すると思いきや、2000年頃から国や企業（特に自動車産業）が大学に投資し続け、2010年頃から産学連携のセンターが確実に成果を出してきた。ドイツ製は外形のデザインは簡素でゴツゴツしているけれど、中身の機構や構造は美しい。アメリカで軍事部門が工学分野全体を引っ張っているように、ドイツは高級車部門が引っ張っている。お金をかけて夢の技術に挑戦できる環境がうらやましい。この国もマイスター制度がしっかりしていて、職人の教育が徹底している。日本の職場が労働行政のまずさでギクシャクしているのに比べると、ドイツ人は昔ながらに軍隊のような階級構造下で働いている。日本だと勝ち組がエンジニアで、敗け組がテクニシャンとみられるが、ドイツのマイスターは誇り高く、自分の仕事を遂行する。大学では学生が真面目に研究していた。それもそうで、学費が年に数百ユーロと安いだけに、不真面目な学生はドンドン退学させて、大学院で大学入学時の半数くらいにまで絞ってしまうのである。このやり方だが、「"敗け組"を作ったのではなく、"違う道"に進ませた」と、ドイツ人の教員は表現していた。また、ドイツの生産技術の教授には、企業の設計経験が必要であるせいか、前職がベンツの設計担当の役員というような教授がゴロゴロしているからスゴイ。このように、それぞれの階級が緊張感をもって働いているのがドイツという国なのである。

　筆者はiPhoneを産み出したアップルもすごいと思う。iPhone自体は「デザイン性に優れる商品がバカ売れした」という典型例で、世界各国の一流デザイナが共同設計したアメリカ製なのだが、デザイン重視という点でヨーロッパ的な製品である。たとえば、『アップルのデザイン』（日経デザイン、日経BP社、2011年）という本に詳しいが、アップル

2.3 | 日本の安全・品質を高めるのは、違和感をもった変人である

のデザイナーは高級職人であり、美しいものを作るために、生産技術のセオリーなんて無視するのである。有名なものが、スティーブ・ジョブスのドラフト（抜き勾配）嫌いであろう。ドラフトはプリンを作るときを想定してみるとわかりやすい。プリンの素材をつめこむ型のコップは円筒ではなく、円錐になっていないと、逆にしてもプリンが抜けない。ドラフトとはこの円錐から中身を抜くための角度のことで、ふつう2～5度くらいついている。仮にドラフトがゼロ度だと、転写成形品は金型から容易に抜けないが、アップルの射出成形品は見事に直角平面をもつ。実際は、金型を半割り分割したり、二度に分けて成形したりして、お金をかけて凝った手法を選択しているのである。たかが、ドラフト嫌いのために……。

筆者が教える機械工学専攻の設計演習では、構造や材料、強度などを教えるだけでなく、工業デザイナーや商品プランナーと交流して、顧客の気持ちを分析することから設計を教えるようになった。例えば、筆者の研究室の隣人、中川聰特任教授の研究室では5.2節でも述べるように"違和感"に注目した社会連携講座で研究も実施している。

明治以来、エンジニアとデザイナーとは教育課程も仕事に対する考え方も違っていた。東大は総合大学だといいながら、芸大とは別モノで、芸大の総本山（東京芸大）は東大の本郷台地から根津の谷を越えた上野の山に本拠地を置いた。この"谷"が今でも深い。先進国では工業デザイナー・商品プランナーとエンジニアとの間で、設計思想が融合するように教育しているが、不思議と日本だけは両者は未だに別物である。もしかしたら、センター試験が最大の障壁かもしれない。東大と同じように、東京芸大でも足切りを行うと、芸術の天才が残らなくなるのだろう。東大はバランスのとれたジェネラルなプロデューサーを生むのが得意である一方、0から1を生むクリエーターを産み出すのはイマイチなのである。「欧米に追い付け、追い抜け」の雰囲気のなかでは、クリエーター

は和を乱す邪魔者にすぎない。

(2) "違和感"に気づくエンジニアは工業デザインも理解できる

　工業デザインの教育をやってみると、日本のエンジニアの卵も捨てたものではないことがわかる。エンジニアはデッサンを勉強していないから、形状を表すのがヘタクソである。しかし、4分の1くらいの学生は、ちょっとした不具合や汚さに気づいて美しさを追求できることに驚いた。工業デザインや機能のコンセプト設計を卒業研究に選択した彼らを見ていると、彼らは同時に、上述した「まさか」のリスクに気づく能力も持ち合わせているのがわかった。さらに彼らは、リサーチャーとして、実験中にちょっとした違いに気づき、何かの発見・発明を生むようなヒラメキを感じる能力にも優れていた。ただし、調査数がまだ50人程度なので、マクロ的に正しいということではない。第一稿で編集者に証拠を示したほうがよいといわれたが、客観的な証拠はまだない。

　筆者は10年前、創造性(ヒラメキ特性)が性格に起因するかと思って工学部の3年生を動員して実験したことがあったが、創造性と性格にはまったく相関がなかった。今は、ヒラメキ特性・リスク認識能力・チャンス獲得能力の3者の相関性の証拠が欲しいのだが、これを求める実験がなかなか難しい。「工業デザイン演習の成績と、卒業研究の成績との相関をとればよいから簡単だろう」といわれるかもしれないが、成績は創造性に起因する独自性と、作品のでき上がりを評価する完成度との二つを勘案してつけるので、まったく相関が見えてこない。アイデアが面白くても、試みの形を示せず、発表がヘタクソで論文が執筆途中だと、評価者は理解できないので高得点をあげられない。東大生は概して真面目であり、言われたとおりに完成度を高める能力は非常に高い人が多い(この完成度が創造性実験のノイズになる)ので、プロダクトよりもプロセスを評価しない限り、上記の3者の相関はとれない。そのためには、

2.3 | 日本の安全・品質を高めるのは、違和感をもった変人である

自分の研究室で週に1度は顔を合わせて討論しないとわからないのである。ドイツ人やアメリカ人のエンジニアに、「就活よりもインターンシップでないと学生の能力はわからない」といわれたことがあるがそのとおりである。

以上のように確かな客観的証拠はまだないのだが、閃いてリスクやチャンスに気づける学生は、膨大な知識にもとづいて判断しているのではなく、「知識領域外に存在する"違和感"を感じ取る」という能力に優れると考えられるのである。筆者の研究室にも、討論すると筆者の気づかなかった事実を指摘できるような、冴えて眩しい学生がいる。彼らの顔が目に浮かぶものの、「あとがき」で記すように、残念ながら性格診断テストでは創造性との相関がとれなかった。

また、工学の研究では、違和感を認識しヒラメキに優れるが、"口ばっかり"で"手を動かさない"学生は、卒業研究の評価が低くなる。これも大きなノイズになる。一流の外資系コンサルタント会社に内定をもらっても、工学の設計はサッパリという学生もいるから面白い。こういう学生は1カ月限定の"やっつけ仕事"には力を出すが、1年もかかってコンセプト設計から製作・実験・考察と地道に進める仕事になると、途端に輝きを失う。この"口ばっかり"の営業職向けの能力は、性格診断テストで相関がとれる。必ずしも「"口ばっかり"＝"手を動かさない"」とも限らないが、エンジニアの道に進まない者が多く、教育しても骨折り損に終わるので工学部の教員にとっては要注意の存在である。

違和感認識能力に優れる若者は常に論理的でなく、たまには情緒的に意見をいうから、一見、"変人"である。会ったことがないけれど本を読む限り、野茂英雄やイチロー、中田英寿のような海外挑戦成功組がそういう若者だったように思える。しかし、20世紀型の企業のように、ベクトルを合わせるために明朗闊達で従順な思考をもち、運動部的で持

続力のある学生ばかりを大量に採用して教育するだけでは、このような五感を駆使して違和感を感じ取れるような"変人"が育たない。サッカーでいえば、変人は創造力のある点取り屋のフォワードである。多少、チーム内で浮いていても、練習をサボっていても点をとってくれる限り、一向に構わない。アフリカ系やラテン系の選手のように、自分勝手で我がままでも構わない。

今や、自動車だって見栄えが良いからお客様が買うのであって、エンジンの馬力のようなスペックが売りになりにくい時代である。工業デザイナーも商品プランナーも新商品を作る仲間の一人であり、エンジニア以上にキーコンポネンツなのである。日本人は愚直で根性の"プロジェクトＸ"的な話が大好きであるが、デザイナーのように一見チャラチャラしていても、売れる商品をしっかり企画できる天才こそ大事に発掘すべきである。実は日本にも、このようなクリエーターがたくさんいるのである。

2.4 競争よりも協力でモノ作りする

(1) 違和感をもった若者を潰さないで欲しい

「まさか」の失敗の防止や、皆が驚くような品質の創出には、違和感をもった人材が不可欠だ、ということを述べてきたが、注意してほしいのは本を読んで知識を増やしても、違和感は身につかないということである。感性を磨くような頭の運動が効果的に思えるが、この辺の教育方法は第5章で詳説する。若者は結構、頭が柔らかい。受験勉強の点取り屋根性を精神破壊すると、自分の好きな仕事のなかで、違和感に気づけるようになる。その違和感が発見・発明につながる。このようにワクワクしながら実験に没頭する学生も少なくない。そのような学生は日本の宝であるから、競争させなくても、違和感が役に立つ道を紹介して、そ

の道を安心して進ませるのが周囲の役割となる。

　この若者の活動を阻害する要因は、彼らが得られる仕事の不安定さである。第1章でも記したが、非正規社員はどの年齢にもいる。しかし、今の日本には違和感を認識できる人間が必要であり、その能力を開花できそうな若者に期待しているのである。オジサンはいまさら変われない。それなのに、社会は可塑性が優れる若者を、序盤戦の競争で疲れさせ、給料を安く抑え、任期が来るとクビにする。どうしてこんな社会になってしまったのだろう。たとえば、福祉の仕事には、辛抱強く、心優しい若者がたくさん従事しているが、年収200万円程度と一様に給料が安く、昇給も少ない。バイオを研究するポスドクといわれる若者も、数万人レベルで掃いて捨てるほどいるが、多くは博士号付きのテクニシャンに甘んじている。これでは家庭ももてない。政治家は投票所に来てくれるお年寄りのために、年金を高くし、定年を延ばし、貯金を守り、インフレを防いでいるが、若者のほうは非正規・非常勤・有期契約社員だらけでヘトヘトである。早く何とかしないと、日本の将来の企業戦略を計画しようにも、それに応じる戦士がいなくなるかもしれない。

(2)　競争させれば人間が強くなるとは限らない

　これから先、日本の産業はどうすれば強くなって、世界に存在感を示せるのであろうか。少なくとも、日本のこれからを背負っていく若者が、日本の向かうべき先を自ら提示すべきではないのだろうか。たとえば、ヨーロッパのサッカーやアメリカの大リーグに挑戦する若者と同じように、東大を出たら欧米の大学院に挑戦する若者も増えてきた。このなかから、必ず、ひとかどの経営者や研究者が続々と輩出されるだろう。

　さて、産業界の年寄りから学生評を聞くたび、若者の評判はあまり良くないことがわかる。たとえば「近頃の若者は甘くてすぐ逃げる」「親の脛を30歳になってもかじっている」「自己中心的で競争心がない」と

いった酷評が続く。そして、「そんな若者への対策は？」というと、揃いも揃って「競争」なのである。本当だろうか。

多くのアメリカ人は「競争が人間や産業を強くする」と信じている。日本も2001年の第1次小泉政権から、グローバル化と称して、あらゆるビジネスシーンで馴れ合いから競争へと文化が変わってきた。しかし、どうも日本人、特に現代人はこの"競争第一主義"に弱い。特に海外に挑戦できない国内組は、一様に競争に弱いように思える。

筆者は最近、特に競争が嫌いになった。東京大学は2004年4月に国立大学から法人化して本書の刊行時点（2013年6月）で9年2カ月が経つ。法人化時に正規職員だった、現在40歳以上の年寄りは"みなし公務員"となり、正規職員として身分は安定している。筆者は彼らが何があろうとクビにはならないことを確認している。その一方で、若者は採用時に、任期制採用や論文数評価、研究費助成等で一斉に競争させられる。前述したように、東大工学部では、正規教員が全教員の6割、非正規職員（特定ミッションのために任期雇用する"特任教員"である。ほとんどが40歳以下の若手）が4割である。若手は博士号をとり、論文を10報くらい発表して教授会で承認されれば教員として採用されるが、特任教員として採用されても、正規職員として採用されても、まず任期を5年または3年に設定され、任期切れ1年前から研究成果を評価される。そして、複数人のうち最適任者が次のポストに採用される。

この反復的な競争の結果、若い研究者はヘトヘトになった。特に特任教員は有期契約社員であるから、銀行からホームローンを借りることもできず、結婚してもマイホームは夢のまた夢である。こういう状況なのに、若い時分に競争が課されないまま偉くなったオジサンが、競争社会の長所を論じる。こんなことくらい、若者にとって頭にくることはないだろう。革命が起きないこと自体が不思議である。

2.4 | 競争よりも協力でモノ作りする

(3) 若者を安定して雇用できる社会を作ろう

　大学生が大学にいる第一の目的は、今や、一流企業に入ることでなく、せめて正社員になることである。正社員でないと年収200万円前後のパート・バイト・派遣・請負・契約社員の世界に留まり、結婚もままならない。これが現実だと、バカバカしくなって開き直りたくもなる。「自分は金はいらない。夢のある、最もやりたい仕事に就きたい」と思うのは当然で、開き直らずに自殺するよりずっとマシである。こういうことをいうと「十分満たされた社会で育ったから、若者は考えが甘い」と年寄りは返すが、若者をそのように追い込んだのは年寄りのほうである。若者は勝手にやればよい。

　さて、一般論を語るのは簡単だが、自分の身内に不安定な若者がいると話は違ってくる。筆者の長男は大学を辞めてアニメーターになった。最初そういわれたときは驚いたが、結局、筆者は息子の行きたい道を支援することになった。いまだに妻は納得がいかずに不安がっているが、息子はイキイキとして原画を書き、お金を無心しに帰ってくる。「士農工商・派遣・請負・アニメーター」といわれるくらいの社会の底辺で働いているためだ。低収入の主因は、中国が動画作成を請け負っているからというのには驚く。アニメもグローバル化の影響を受けているのである。中国の影響で、動画1枚の単価がこの10年間で約350円から約150円に半減し、美大出身の女性アニメーターが多くなった。要するに、男性だと実家の支援がない限り、食っていけないのである。息子は将来を考えないパラサイト的な"極楽トンボ"であるが、今はそのトンボが日本中、どこにでも生息しているのではないだろうか。親の世代がトンボの子供を恥ずかしがって、他人に話さないだけではないのか。

　アメリカ人は小さい頃から「夢をもて、競争で諦めるな」と尻を叩かれ続けた。その結果、勝者となれば、実に強い人物ができ上がる。筆者は30歳頃にシリコンバレーの小さな工場で働いていたが、若いマネー

第2章　最近、失敗学も変化した

ジャは実に上昇志向が高く、ちょっとやそっとの仕事では逃げず、実にタフだった。こんな製品が売れるのかと思うモノまで売ってきて、こんな生産量が翌年までに達成されるのかと思っても何とか実現してしまう。

　アメリカ人は、ハリウッド映画に代表されるような、大規模なシステム開発・画期的な商品企画・強力で世界的な販売が大得意である。逆に日本人はそれらが不得手である。なぜならば、アメリカのリーダーは競争を勝ち残った絶対的君主であり、一方で、日本のリーダーはバランスのとれた調整者だからであろう。アメリカの大学教授も、教師というより、研究工房の社長である。皇帝の教授と、奴隷の学生という構造のなか、学生に実験を命令する。絶対的君主は判断が速いうえに、そのようなワンマン会社はイエスマンが多いから実行も速い。一方、日本的な組織は、石橋をたたいて渡るので大負けはないが、大勝ちできる状況にあっても、調整時間が長いためにビジネスチャンスを失ってしまう。日本の教授は、学生をパートナーとして扱い、彼の計画を辛抱強く聞いて、まずやらせる（が、ほとんど失敗する）。その結果、航空機や原子力発電所、鉱山開発、軍事的兵站、世界的な通信網構築、などが日本人の不得意分野になり、その市場に入ることさえ躊躇している状況にある。続いて、半導体製造やインターネット検索、EMS（電子機器の受託生産）、OEM（発注元のブランド名で設計・生産すること）まで、アメリカ人感覚の中国・韓国・台湾の人々に負けて、不得意分野になってしまった。しかし、競争第一のアメリカ人のカルチャーに染まることが、日本人の目標になってはならない。日本人には日本人に合った、世界で果たすべき役割があり、日本人はそれを分担することで、世界に誇りと存在価値を示せるのである。

　日本人は「協力しながら皆と穏やかに暮らす」ような江戸時代的な文化のほうが落ち着く、と筆者は思う。当然、地道に一歩ずつ、こだわった商品を顧客と相談しながら多品種少量で作るのが、文化的に合ってい

るような気がする。たとえば、マニア向け自動車や凝った民生品、個人対応の福祉商品、軽量鉄骨のプレハブ、地域特産の食料等を、世界中の顧客に展開できればよい。町工場の若社長から「どうやればサバイバルできるか」と筆者はよく聞かれるが、成功確率を高めるためには、まずホームページを充実させてGoogleで検索したときに上位にくるよう工夫することを薦めている。世界中、若い購買係はインターネットでベンダーを探しているのである。靴を減らして工場を見て回っているわけではない。実は成功している町工場を調べると、国内だけでなく、海外からオンリーワンの技術を買いに来てもらっているから成功していることがわかる。大量生産する大会社が生き残れるわけではないのである。

　筆者が製造業の部長以上の管理者に「どのような若者がこの会社に必要ですか」と問うと、ほとんどの人は「自分だって5年後がわからないのに、若者のことまで構っていられるか」とまず怒り出す。その後でとりあえず「英語で交渉できる」「ちょっとしたことで落ち込まない」「バランスの取れた判断ができる」などを、コンピテンシー(competency：仕事に必要な能力)として挙げてくれる。これは筆者がシリコンバレーで見たマネージャそのものである。しかし、工学部ではこのような能力を高めるために特別な教育は何もしていないのである。このように考えると、日本で大幅に改造すべき制度は政治だけでなく、教育も含まれることがわかる。21世紀に入ってから好景気が続いて日本式の経営も悪くないと皆で信じていたが、リーマンショック後、急落して悪い所が目立つようになり、中国・韓国・台湾・ドイツ・アメリカに比べると強いのは円通貨だけになった。そんな状況で製造業に打開策はあるのだろうか。20世紀と同様に相も変わらず、安全と品質だけを追求して生き残れるだろうか。

　このような調子で、日本科学技術連盟の決めたテーマと異なるような内容で品質月間テキストを書き進めたのだが、テキストが案に相違して

好評だったので本書の執筆を依頼された。読者も、筆者と同じように不安でブルーになっていたから共感してくれたのであろう。

(4) 正直に働けば日本のエンジニアは低成長時代を楽しく生きていける

アメリカの技術者倫理の本を読むと、第一に「クライアントの要望は誠心誠意に実行せよ」と書いてある。これは弁護士と同じである。しかし、第二に「社会に害を及ぼすことを課されたら、個人として戦え」とも書いてある。弁護士だって公序良俗に反することは、クライアントに楯突く。エンジニアは下手をすると人殺しの機械を作ることもあるので、余計に、社会への悪影響を熟慮すべきである。20世紀型の日本企業にいる正規社員なら、何か問題があると、会社が隠蔽してお茶を濁すことが日常茶飯事になっていた。ところが21世紀に入って10年以上も経てば、日本人だって内部告発を、怪文書ではなく、堂々と公にするようになった。これは日本人の正直さが主因であろうが、非正規社員の増大も一因である。彼らは会社に忠義心なんてコレッポッチもないから、比較的に重圧を感じずに内部告発できる。そして、こうして実現した"隠さない文化"が安全や高品質の醸成を加速した。今やアカウンタビリティ（accountability：説明責任）はどんな組織にも不可欠である。

なお、編集者に内部告発の増加を示す証拠を提示せよと指摘されたが、これがどこの組織からも公開されていない。告発人を守るために個人の情報を隠すのは当然であるが、普通は告発件数までシャットアウトである。筆者の大学でもセクハラ・アカハラ相談室があり、実は「まえがき」で述べたように、学部の2年生が急性アルコール中毒になったり、男子学生が女子学生をストーカー行為したり、若手教員が「100万円弁償しろ」といったり、さまざまな事件が起きた。あれは筆者自身が関わった実話であり、いずれも内部告発から始まっている。それが総長の耳まで達すると委員会の正式議題になり"怪我人"が出るので、その前

2.4 競争よりも協力でモノ作りする

に和解しないとならない。このように決してナアナアにはしないが、表向きに御白州で争う前に内済するのは日本的である。いつまで内済が許されるかしらないが、不思議と不祥事は噂で広がるので、飲酒やセクハラ、アカハラ案件が激減している。有罪と無罪の閾値が引かれれば、人間もバカではないから自制するのである。

これからの日本の製造業では、多様な人材が協力して、これまた多様な商品を作り込むようになる。また、多様な人材には、外国人を理解できる人は当然として、自己中心的で変人だが有能なクリエーターも含まれ、組織の仲間として尊重するようになる。日本人は、宗教がそうであるが、八百万の神様に仏様まで取り込んだうえに、何となく融合してしまって山岳から太陽まで拝んでいた。それができるくらいだから、一つの組織に多種多様な人材を揃えて運営するくらい簡単である。

日本人は正直に商売をしていれば、大勝ちもしないが大負けもせず、内需主体の低成長時代をこのまま50年間くらい続けられると筆者は考えている。しかし、低成長時代といえども、トップランナーは時間とともに代わっていくから、江戸時代の商人のように常に世間に気を配って真面目に働かなければならない。また、これからも稼いだお金を海外に投資していくから、日本人としては未知の市場に挑戦する精神を絶えず発揮しなくてはならない。筆者は楽観的にこれからも日本の製造業はうまく生き延びると思っている。このシナリオの最大の障害は、世界の混乱のなかで日本を舵取りできる政治家の不足であろう。ヴェニスの貴族のように、1000年間もの間、強い小国として海外投資を保持して地中海に覇を唱えることができる政治家が、次々に出てきて欲しい。そうすれば、一応、日本の将来は安泰ではないだろうか。

第3章

福島第一原発の事故に
"勝利の方程式"はあったのか

第3章 福島第一原発の事故に"勝利の方程式"はあったのか

3.1 勝利の方程式は存在した

3.1.1 大津波が来たら、お手上げだったわけではない

(1) 原発のプロは勝利の方程式を知っていた

「想定外」「予見不可能」「まさか」の失敗の最たる事例として、2011年3月の福島第一原発の事故を取り上げる。

福島第一原発の事故では、確かに想定外の大津波が襲来し、最後は放射能汚染に至った。しかし、決して「大津波で全電源喪失(Station Black Out)になった後は、手の施しようもなかった」というわけではない。そうではなく、「うまく対処していれば、冷温停止(Cool Shutdown)に持ち込めたはず」と筆者は考える。つまり、事故を止めるための"勝利の方程式"は存在したのである。

勝利の方程式とは、たとえるならば野球で勝っている試合を逃げ切るための中継ぎ、抑えまでの継投策である。阪神タイガースは2005年にジェフ・ウィリアムス、藤川球児、久保田智之のJFKの3人で7回から継投して8割の勝率を上げて優勝した。これと同じように、原発でも機器を継投して逃げ切る手段は存在したのである。つまり、**図3.1**の時系列で説明するように、まず、① 停電で電気がなくても動く"高圧冷却系"の機器を動かし、② その間に原子炉の内側にある圧力容器の安全弁と、原子炉の外側にある格納容器のベント弁を開いて(位置は**図3.2**、機器は**図3.3**で詳説)、強制的に減圧して、③ 消防車で注水できる"低圧冷却系"を動かす。最後に、④ ③の間に原子炉の中の水を熱交換器で冷却できる"循環冷却系"を動かして、⑤ 冷温停止に至る。

この方程式を使って、津波による障害を撃退した成功プラント、つまり福島第二の1〜4号機、福島第一の5・6号機、女川の1〜3号機、東海の2号機は生き延びた。そして、津波による障害を撃退できなかっ

3.1 | 勝利の方程式は存在した

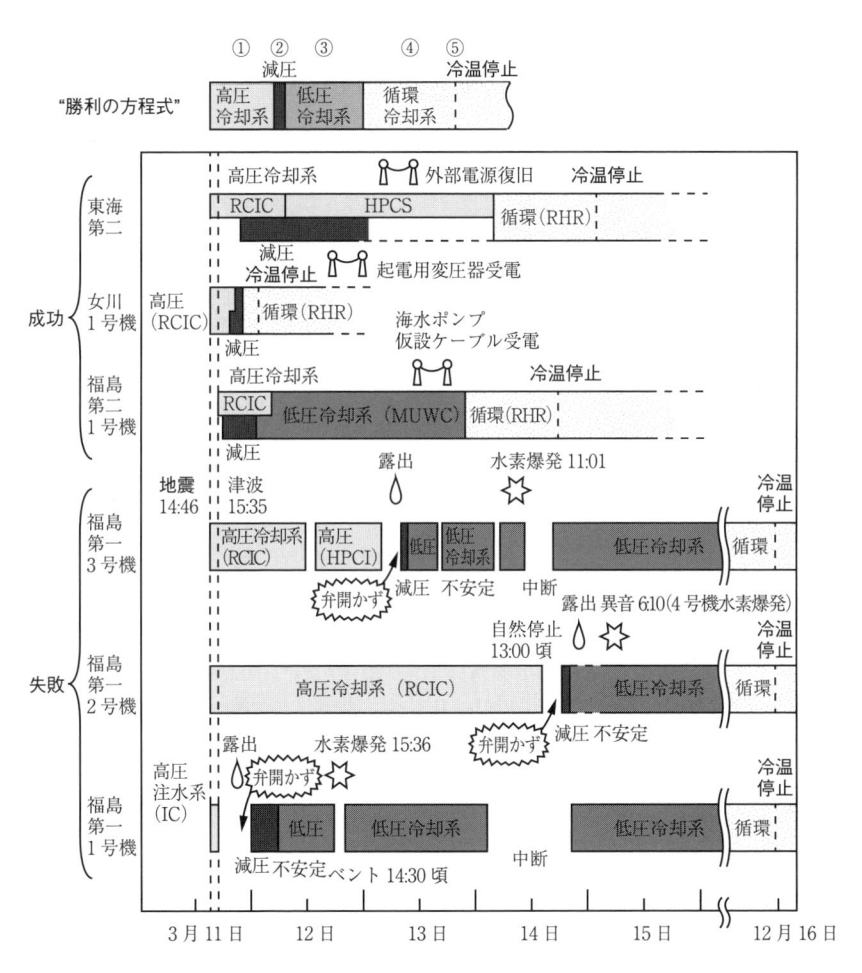

図3.1 勝利の方程式を使って冷温停止させるまで推移

た失敗プラントの福島第一の1～4号機(4号機は停止していたので実際は3号機まで)でも、福島第一原発の吉田昌郎 発電所長をはじめ、エンジニアの多くは勝利の方程式どおりに働いていたのである。それならば、どうして福島第一の1～4号機には勝利の方程式が適応せずに、大事故に至ったのであろうか。

第3章 福島第一原発の事故に"勝利の方程式"はあったのか

　直接的な技術的要因は、福島第一の1～4号機だけが、多重化で準備されていたはずの交流電源・直流電源・配電盤が揃って全滅したからである。これだけ見事に電気がなくなると、装置が動かないだけでなく、制御盤は表示せず、電灯もつかず、エアコンも効かない状態になり、何をやるにも遅くなる。その遅延時間が命取りになった。一方で、他の原発では津波後も、交流電源・直流電源・配電盤のうち、少なくとも一つは生きており、電源を融通しあったり、電源車から配電盤に接続したりして、とにかく短時間のうちに方程式どおりの作業ができた。

　次に、間接的な組織的要因を追究すると、**第2章**でも述べたように、仮に電気が得られないとしても、自動車用バッテリーを持ち込むなりして打つ手はあったのに、準備不足・訓練不足によって短時間に方程式どおりの作業が実行できなかったことが挙げられる。特に、全電源喪失が数時間続いてもサバイバルできるように想定して、**図2.5**(b)に描いたように「(懐中電灯で暗闇を照らし放射線防護服を着ながらでも)現場でバルブを手動で開けて圧力容器を減圧する」作業を準備・訓練していたら、方程式は成立していたのである。後で調査すると、欧米の原子力発電所では、その準備・訓練がそれなりにできていたのである。日本人にもできないことではなかった。

　極言すれば、たったこれだけの減圧操作を1時間以内に達成できれば消防車を使って原子炉に注水でき、福島第一の1～4号機まで冷温停止できたのである。ただし残念なことに、1号機は後述するように、高圧冷却系(電気なしでも稼動する系。詳細は後述する)が津波後もそのまま稼動し続けるようなプログラムになっていなかったので、減圧操作をうまく行っても燃料棒の一部は冷却できずにメルトダウンに至ったと思う。しかし、この1号機だって短時間でベント弁(格納容器から大気に排出する経路の弁)を開いて、ウェットベント(文字どおり、水を通して大気に放出すること)を行えば、放射性のセシウムが水に溢されて漏洩放射

能の量は100分の1に激減たはずである。

(2) 福島第一原発の沸騰水型原子力発電所はこんな形をしている

　本章の冒頭からここまでで、専門用語がさっぱりわからないと、編集者に指摘された。本書は原発専門書でもないので、大雑把に原発の構造がわかれば誰でもわかるように書いたつもりである。しかし、筆者が2013年2月19日に中部電力の浜岡原発を学生と見学させてもらったとき、驚いたことに機械の学生なのに、彼らは原発の構造をほとんど知らなかった（考えてみれば、どの教員も熱やエネルギーの講義で"後ろめたい"原発を教えていない。原爆がタブーなのはわかるが）。ということで、ここで寄り道し、図3.2を用いて簡単に原発の構造を概説しよう。

　原発は、「お湯を沸かすところ」と、「沸いた蒸気で仕事をするとこ

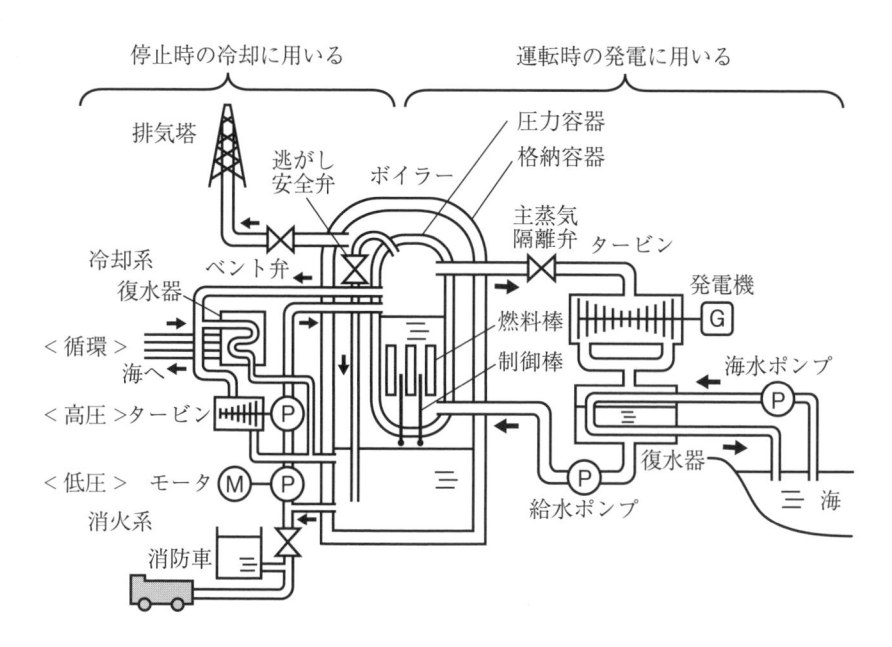

図3.2　沸騰水型原子力発電所の概要

ろ」に大別される。単純にいうと、蒸気機関車と同じ仕組みである。原子力発電所や石炭火力発電所に喩えると、前者が図 3.2 中央のボイラーで、後者が図 3.2 右上のタービンである。タービンに発電機が直結されて、電気を作る。つまり、"やかんと風車"。基本はこれだけである。

しかし、もう少し細かく図 3.2 を見ると、図右下に復水器というものが付いている。タービン出口から出た蒸気は、蒸気機関車と同じようにシュッポッポと外気に捨ててもよい。しかし、不純物の少ない蒸留水を再利用するとボイラーが傷まないため、産業革命の頃から蒸気を大気放出させずに水に戻すことが、熱機関の基本設計になっている。つまり、蒸気を熱交換器(復水器と呼ぶ)に通して冷却・凝縮させ、そこで生じた蒸留水を給水ポンプでボイラーに戻す。欧米では、外から見ると鼓状の煙突みたいな空冷の冷却塔を使っている発電所も多いが、日本では一様に水冷の熱交換器を用いている。つまり海や川の水を熱交換器に引き込んでいる。

日本の発電所は復水器用の海水をポンプで吸い上げるため、高所に発電所を設置するとその揚水代がバカにならない。そうはいっても 10m も汲み上げたところで石炭やウランによる投入エネルギーの 1% に満たない。発生させた熱が電気に変わる比率(つまり熱効率)は原子力発電所で約 30% だから、「1% くらいケチらずに高所に建てればいいのに」と筆者のような素人は思ってしまう。すでに 100－30=70% もの熱を復水器から海に捨てているのだから、あと 1% 捨てても大差はない。筆者は、福島第一原発と同じように津波でグチャグチャになった原町火力発電所を訪ねたときに、同じようなことを火力発電所メーカーの先輩にいったが、「その 1% こそが受注できるか否かの鍵で、それでエンジニアは日夜苦しんでいるんだ!」と怒られた。

火力発電所のボイラーは、やかんと同じように、お釜の外で石炭を燃やしお湯を沸かすが、原子力のボイラーはお釜の中に焼いた石を入れる

ように、核分裂中のウランを水の中に入れてお湯を沸かす。火力でも原子力でも、やかんの中でお湯は湯気と共存している。熱効率を上げるために温度は高ければ高いほどよいので、火力は圧力を 250 気圧に上げながら、温度を 600℃ に設定し、熱効率を約 42% と高くしている。これくらい高温・高圧になると水と蒸気は、ボイラーの中では共存しているといっても、液体なのか気体なのかわからなくなった状態（超臨界と呼ぶ）になっている。沸騰水型原子炉（BWR、Boiling Water Reactor）も温度を上げたいが、ウランを内包する燃料棒の容器材料であるジルカロイが高温だと諸性質が劣化するので、温度は 286℃ に抑えられ、熱効率も約 30% と火力よりは低くなる。また、飽和蒸気の圧力は 70 気圧になるが、この高圧の原子炉に大気圧の水を入れることが福島第一原発事故時の緊急課題となった。

　原子炉では、1 つのウラン 235 原子がたとえばヨウ素 131 やストロンチウム 90 に分かれる核分裂反応の結果、飛び出してきた秒速 2 万 km の高速中性子を、水や黒鉛にぶつけることで秒速 2km まで減速させる。このとき、水を減速材、低速の中性子を熱中性子と呼ぶ。核分裂するウラン 235 を 4% しか含まない原子炉の燃料では、高速中性子は再び別のウランに衝突しないが、熱中性子は衝突するので核分裂を連鎖反応で続けさせることができる。原子炉は核反応の制御性を高めるために賢く設計されている。まず、制御棒の炭化ホウ素で熱中性子を吸収して連鎖反応を止めることができる。福島第一のときも、「再臨界を止めるためにホウ酸を注入する」と報道されたが、ホウ酸も熱中性子を吸収する効果がある。また、水がなくなると熱中性子ができなくなるので同じように連鎖反応は止まるし、直径 1cm の燃料ペレットが 1.5cm 間隔で格子状に整列して配置されているが、その距離が離れても近づいても熱中性子数が変化して連鎖反応が止まる。ということは融点約 2200℃ の燃料が溶けてドロドロになって固まっても、水はないし、距離は近いので再臨

第3章　福島第一原発の事故に"勝利の方程式"はあったのか

界は起きない。原子爆弾は、100％のウラン235の燃料を用い、高速中性子で一気に連鎖反応を起こすが、ブレーキに当たる物質がないので反応が始まったら制御できない。

なお、容器材料のジルカロイは熱中性子を透過させて、核分裂の邪魔をしないという機能を有し、連鎖反応を保つためには必須の特殊材質である。強度を高めるためにジルコニウムにスズやクロム、鉄を微量加えてある。これが高温になると、水（H_2O）を構成する酸素（O_2）と反応して酸化し、仮に水から発生した水素（H_2）が爆発下限濃度の4％を超えると水素爆発を引き起こす。このことはあらかじめわかっているので、格納容器内は酸素を取り除いた窒素で充満させている。しかし、福島第一原発事故発生時には、予想外に水素が格納容器も通過して建屋上方に拡散し、水素爆発が生じたのである。水素原子は小さくて軽いので、緩んだシールをすり抜け、上に溜まる性質があるからである。

また、原発では中性子の飛び交う原子炉内に水を通すが、その中の不純物が放射性物質に変わるので、タービンのあたりの配管が突然、切れたりでもしたら放射性物質が漏洩して目も当てられなくなる。そこで、加圧水型原子炉（PWR、Pressured Water Reactor）は、ボイラーとタービンの間に熱交換器（蒸気発生器とも呼ぶ）を設置して、両者を絶縁している。熱交換器では、ボイラーから出た320℃の水（一次冷却水と呼ぶ）を熱交換器に入れて、タービンに入れる別系統の蒸気（二次冷却水と呼ぶ）に伝熱させる。一次冷却水は、157気圧とBWRよりもさらに加圧して、水を沸騰させずに液体の状態を保たせている。敵からタービンや復水器を攻撃される可能性のある、原子力駆動の空母や潜水艦は皆、加圧水型を搭載している。もちろん、加圧水型でもボイラーか蒸気発生器を攻撃されたら放射性物質を含む一次冷却水が漏洩する。これを防ぐために、実はこれらの周りに分厚い格納容器が被されている。また、地震で配管が切れたら、格納容器内を水浸しにすればよい。しかし、これも

時間との闘いであり、短時間のうちに注水しないと炉心が溶けてしまう。

　最後に重要な物質である水について説明する。この原子炉という熱機関に使う水を"冷却材"と呼ぶ。確かにウランを冷やしてやらないと前述した融点約1600℃のジルカロイが溶けてしまうから、水は"冷却材"である。しかし、核分裂の反応を考えると、前述したように、水は高速中性子を減速させて熱中性子に変え、臨界反応を持続させるから、水は"減速材"でもある。もちろん、冷蔵庫やエアコンのフレオンの冷媒と同じように、水はこの熱機関のボイラーとタービンを結ぶ"熱媒体"でもある。さらに、この原発のボイラーをよく見ると、ジェットポンプやら気水分離器を用いて水の流れをうまく制御させているから、水流の"駆動媒体"でもある。また、制御棒の押し引きの力をボイラー内の水圧で行うから、ピストンの"駆動媒体"でもある。つまり、一人何役も水は引き受けているのである。ところが、これらの機能がトレードオフするから話がややこしくなる。たとえば水がないとウランはメルトダウンして危険だが、高速中性子が減速しないので核分裂は止まるから安全である。逆に水を入れすぎるとウランは冷やされて有効だが、蒸気が少なくなるのでタービンを回せずに熱媒体としては無効になる。

(3)　停止時には原子炉を冷却しないとならない

　さて、この熱機関の停止時のボイラーであるが、冷却しないと大変なことになる。その一つは減速材の水が突然、沸騰した後に起きる水蒸気爆発である。水が蒸気になると体積が1,800倍になるといわれている。たとえば、金属の鋳造時に金型のどこかに水が残っていると、溶けた金属が水蒸気爆発の勢いで吹っ飛ぶことになる。筆者は学生の頃、鋳造の研究をやっていたので、恩師の畑村洋太郎先生から水蒸気爆発の恐ろしさを叩き込まれ、注湯前には金型の隙間に水分が残っていないかチェックさせられた。チェルノブイリの事故も、原爆ではなく、水蒸気爆発で

第3章 福島第一原発の事故に"勝利の方程式"はあったのか

原子炉が吹き飛んだのである。そのためボイラーの冷却は不可欠であるが、空気中では熱容量が小さいので、やはり水が冷却材として登場する。

しかし、板厚160mmのボイラーの外側から水をかけてやっても冷却効率が悪いので、まずは無理矢理にボイラーの中に水を入れて冷やすことになる。ところがボイラーは圧力釜と同じだから、注水圧力を70気圧以上にしないと水が入っていかない。そこで数気圧と低圧の水しか準備できないときは、原子炉の中を減圧することが不可避になる。しかし、急に圧力釜のふたを外すと、減圧し、水の沸騰が突然、始まるのである。ガスタンクのどこかが破断すると急減圧して、タンク内の可燃性液体が沸騰してガス化し、静電気で点火すると俗にいう"ファイヤーボール"が生まれる(4.3節(2)の図4.6で後述する日本触媒の爆発ではこの減圧沸騰が起きた)。こうなると大爆発が起き、消火もままならない火災が発生する。

暴走しかかった原子炉は水で冷やすしか方法はない。原発には実に多くの冷却系が準備されているが、図3.2の左に示すように、3つに大別される。1番目は循環冷却系で、要するに海水で冷やされた熱交換器に水や蒸気を通して抜熱する方法である。これは定期点検時の常用停止に使われ、たとえば残留熱除去系(RHR、Residual Heat Removal System)を用いる。これは1時間に1,800トンもの高温の水を流すから、1日で冷温停止できる。2番目は高圧冷却系で、これは高圧の原子炉蒸気で回したタービンの駆動力で高圧ポンプを回したり、復水器で原子炉蒸気を凝縮した後で重力によって水を炉内に戻したり、モータで高圧ポンプを回して炉内に注水したりして、とにかく高圧の原子炉内に注水する。たとえば、原子炉隔離時冷却系(RCIC、Reactor Core Isolation Cooling System。名称が長いので原子炉を略して記述することが多い)や、非常用復水器(IC、Isolation Condenser)、高圧注水系(HPCI、High Pressure Coolant Injection System。またはHPCS、High Pressure Coolant

Spray System)である。3番目は低圧冷却系で、モータでポンプを回して、低圧水を原子炉に流し込み、またはスプレーで炉内や炉壁に撒く。同じ低圧冷却系には、消火系という最後の応急手段があって、ディーゼルエンジン付きポンプや消防車で低圧水を原子炉に入れる。福島第一原発事故では、このうち、モータを使わない高圧冷却系と、低圧冷却系の消火系が大活躍するのである。

　また、原発のボイラーは、内側の圧力容器と外側の格納容器の2重構造になっている。とにかく、放射能(放射線の放出能力を有する物質という意味。放射線そのものではない)を漏らさないためである。このため、圧力容器の中を減圧するには、冷やして蒸気を水に変えるか、逃がし安全弁(SRV、Safety Relief Valve：SR弁もしくは、逃がしを略して安全弁と呼ぶことが多い)を強制的に開けて熱い蒸気を外に逃がすしかない。もちろんこの蒸気は放射能を含むので、蒸気機関車のように大気には吹けない。そこで格納容器の中に吹くのである。格納容器の底にドーナツ状の圧力抑制室(S/C、Suppression Chamber：略してサプチャンと呼ばれることが多い)があるが、その中には水が貯めてあり、その水の中に圧力容器の蒸気を逃がす。蒸気は水になり、圧力上昇が防げるだけでなく、放射能物質も水の中に溶けるので、フィルター機能も発揮する。しかし、熱を逃がしていないので、そのうちに、格納容器の中の蒸気の圧力・温度が高くなる。そこで耐圧4気圧の格納容器を壊さないために、蒸気を圧力抑制室の水に潜らせて、セシウムを漉してから大気に逃がしてやる。これがベント(Vent：抜け口)である。

(4)　原発は電気がないと身動きできない

　「原発は発電所だから、電気は常に売るほどあるだろう」と考える学生がいるが、それは大きな間違いである。原発は発電機を停止すると、たちまち、外から別電源を供給しない限り、身動きがとれなくなる。

第3章　福島第一原発の事故に"勝利の方程式"はあったのか

　原発で使う電源を説明しよう。まず、交流電源であるが、原発外の送電線から供給される外部電源(6.6万Vから50万V)を高圧配電盤で変圧して6,900Vを作り、これで冷却用の海水ポンプや圧力容器内の再循環ポンプなどの大形機器を動かす。さらに、それを低圧配電盤で変圧して480Vや210Vを作って、ポンプや電動弁、送風機などの小形機器を動かす。さらに、この交流電源を変換して直流電源を作ってバッテリーに充電しておく。直流は250Vで隔離時冷却系(RCIC)や高圧注水系(HPCI)と、圧力容器を結ぶ配管内の大形の直流電動弁を動かし、125Vで中央操作室の制御盤や小形の直流電動弁を動かし、24Vで放射線モニターや地震計、水圧や温度のセンサーとその表示機器、などを動かす。

　福島第一原発事故では津波でこれら全部が喪失してしまったのだから、唖然とするしかない。全交流電源喪失というのは事故のシナリオとして想定されていたが、バッテリーまで喪失するような全電源喪失は誰も想定していなかったのである。

　蛇足であるが、この電圧の数字をよく見ると、6,900、480(中電の浜岡原発は460)、125と、いかにもバタ臭いことがわかる。6,600、400、100が日本的であるから、原発はアメリカ直輸入ということがすぐバレる。似たようなものに海上自衛隊の艦船がある。アメリカ海軍との相互性を重視して、これに似た変な数字の電圧を使用している。

　上述したように、福島第一と福島第二で津波襲来後の対応が大きく異なってくるが、具体的には、福島第一の遅れはバルブの開閉が容易でなかったことが、極めて直接的な原因である。福島第二であれば、直流電源が生き残ったので、中央制御室でバルブの開閉をスイッチで操作すればそのとおりにバルブが動作したが、福島第一は、1、2、4号機で直流電源が津波で喪失(3号機だけは2日後に喪失)したので、スイッチを開閉してもバルブは動作しなかった。だから、バルブを開くには、現場のバルブの前に行ってハンドルを回すか、またはそれ用の制御盤の前で直

接、バッテリーやコンプレッサ、ボンベを接続するか、どちらかを実行しないとならなかった。このバルブの開作業の遅れが、その後の福島第一の放射能漏洩につながっていった。図 3.1 の高圧冷却系から減圧して低圧冷却系に移るまでの空白時間が、「弁開かず」の格闘時間である。その間に水位は低下して、過熱した燃料棒は露出し、メルトダウンに至った。原子炉の中に冷却水が規定の水位まであっても、注水が途切れれば沸騰して水位が低下し、3 時間後に燃料棒が露出するので、露出したところから溶融が始まり、メルトダウンに至る。

　また、原子力専攻の先生に調べてもらったデータだが、福島第一原発も改修によってデジタル化が進み、隔離時冷却系や高圧注水系のタービン回転数や水の流量の制御もコンピュータが行っていた。しかし、非常用復水器、緊急炉心冷却装置(ECCS、Emergency Core Cooling System)、隔離時冷却系などの起動インターロック回路や、逃がし安全弁の開閉のような重要保護系は全部、アナログのままだった。コンピュータだと突然に停電になると、仮に非常用電源で起動できても自動モードが起動開始するための初期条件の確認に時間がかかり、ここでインターロック不備に引っかかるとそれを無効にするのにまた時間がかかる。その点、アナログは簡単である。直接、端子に電圧をかければ起動するのだから。

3.1.2 │ 福島第一原発の事故を失敗学で分析する

(1) **多くの事故調査報告書が入手できるが、技術的な内容は似ている**

　福島第一原発事故の調査報告書は東電、政府、国会、民間、保安院、国際原子力機関(IAEA、International Atomic Energy Agency)、原子力発電運転協会(INPO、Institute of Nuclear Power Operation)などの調査委員会で作られている。入手可能な報告書でかつ筆者が読んだものを表 3.1 に記す。福島第一・第二原発はいまだに放射線量が高く、未公

第3章 福島第一原発の事故に"勝利の方程式"はあったのか

表3.1 入手可能で筆者が読んだ福島第一原発の事故調査報告書等の一覧（2012.10.4時点）

- ○「政府の事故調査・検証委員会中間報告書」（2011/12/26）
  http://icanps.go.jp/post-1.html
- ○「政府の事故調査・検証委員会最終報告書」（2012/7/23）
  http://icanps.go.jp/post-2.html
- ○「Team H2Oプロジェクト最終報告」（2011/12/21）
  http://pr.bbt757.com/
- ○ ディスカヴァー・トゥエンティワン、『独立検証委員会　調査・検証報告書』
  （2012/03/11）
- ○ 東京電力、「事故調査・検証委員会報告書」（2011/12/2）
  http://www.tepco.co.jp/cc/press/11120203-j.html
- ○ 日本原子力技術協会、「事故の検討と対策の提言」（2011/10/27）
  http://www.gengikyo.jp/news/20111027.html
- ○ NRC（アメリカ合衆国原子力規制委員会）「B.5.b」（2006/12）
  http://pbadupws.nrc.gov/docs/ML0700/ML070090060.pdf
- ○ 東京電力、「福島第一原子力発電所事故の初動対応について」（2011/12/22）
  http://www.tepco.co.jp/cc/press/betu11_j/images/111222o.pdf
- ○ 東京電力、「福島第一原子力発電所及福島第二原子力発電所における対応状況について（2011/12版）　資料一覧」
  http://www.tepco.co.jp/cc/press/betu11_j/images/111222p.pdf
- ○ 経済産業省、「技術的知見について　参考資料」
  http://www.meti.go.jp/press/2011/03/20120328009/20120328009-2.pdf
- ○「軽水炉の安全設計審査指針とその解説」
  http://www.nsc.go.jp/shinsashishin/pdf/1/si002.pdf
- ○「国会事故調（東京電力福島原子力発電所事故調査委員会）報告書」
  http://naiic.go.jp/
- ○ INPO, "Lessons Learned from the Nuclear Accident at the Fukushima Daiichi Nuclear Power Station"
  http://www.nei.org/resourcesandstats/documentlibrary/safetyandsecurity/reports/lessonslearned-from-the-nuclear-accident-at-the-fukushima-daiichi-nuclear-power-station
- ○ INPO, "Special Report on the Nuclear Accident at the Fukushima Daiichi Nuclear Power Station"
  http://www.nei.org/resourcesandstats/documentlibrary/safetyandsecurity/reports/specialreport-on-the-nuclear-accident-at-the-fukushima-daiichi-nuclear-power-station
- ○ 東京電力、「福島第一原子力発電所事故における放射性物質の大気中への放出量の推定について」（2012/5）
  http://www.tepco.co.jp/cc/press/betu12_j/images/120524j0105.pdf
- ○ 大前研一、『原発再稼働 最後の条件「福島第一」事故検証プロジェクト最終報告書』（2012/7、小学館）
- ○ IAEA, MISSION REPORT "IAEA INTERNATIONAL FACT FINDING EXPERT MISSION OF THE FUKUSHIMA DAI-ICHI NPP ACCIDENT FOLLOWING THE GREAT EAST JAPAN EARTHQUAKE AND TSUNAMI" 24 May June 2011
  http://www-pub.iaea.org/MTCD/Meetings/PDFplus/2011/cn200/documentation/cn200_Final-Fukushima-Mission_Report.pdf

開であるため、筆者は技術的な知見をこれらの報告書から入手するしか手立てがない。だから、読者も本書を読むより、原書を直接読むほうが、実体をはるかに正確に理解できるのであるが、何しろ原書をプリントアウトするとすぐに数百ページと膨大になるので、コピー代もバカにならない。あまりに分量が多いので、専門家と思われる評論家や記者でさえ読破していない人が多い。それでもある有名新聞社は「この報告書は国民が知りたい情報を全部、記していない」と発表直後にコメントしていたから、そこの記者の流し読みが異常に速いのか、事前に特別にリークされていたのか、素人にはよくわからないところである。

しかし、いくら専門家が正確に判断しようにも、事故時の原発の情報は限られているので、どの報告書も技術的には似たような内容である。事故現場の情報は東電の報告書で公開されたものだけだから、他の報告書はこれを子引き孫引きしただけである。つまり、東電の報告書が1次情報である。また、他の原発との比較は保安院の報告書に詳しい。さらにこれらの報告書とは別個に、2012年10月から東電のホームページで、事故当時の3月12日22時59分から15日0時6分までの約2日間のテレビ会議の会話付き映像の一部が公開されている。現場の逼迫した状況が手に取るようにわかるので、必聴である。そのテープ起こしのダイジェスト版が『検証　東電テレビ会議』(朝日新聞社、朝日新聞出版社、2012年)として発売された。テレビ会議のそれ以外の時間の記録は、残念ながら、事故当時、ハードディスクが満杯になったり、録画忘れによって、消失してしまった。もし、津波直後から12日深夜までに録画されたものを含めて完全バージョンが発掘されたら、それを"国宝"にすべきである。

図3.1に概要を記したが、原発の状況が悪くなっていく流れが(実は頭がこんがらがるくらい複雑なのだが)理解できていれば、テレビ会議の録画を流して聞くだけで「なるほど、そうだったのか」と得心する。

第3章　福島第一原発の事故に"勝利の方程式"はあったのか

　その流れが最もよく理解できる文献は、『福島原発で何が起こったか　政府事故調技術解説』(淵上正朗、笠原直人、畑村洋太郎、日刊工業新聞社、2012年)である。淵上氏は筆者の研究室の先輩で、政府事故調の技術顧問をされた。彼はコマツの専務執行役員までされたエンジニアなので、技術の解説手法も工学的である。つまり、何でもかんでも概念を図にするのである。たとえば、横軸を時間にした図の中に東電のデータを書き込んで、状況が悪化していく流れを理解する。1.1節では相馬藩の財政が悪化していく流れを江戸時代唯一の統計データとして示したが、それと同じ手法である。政府事故調は各省庁のエース級の役人を40名近く集めて事故の原因を調査したそうであるが、多くは文系の事務官であり、文章に全力が注がれている。特に検事が多かったので、手法は警察のようなインタビューによる事情聴取に徹したらしい。それでも技術的な事実をあれだけ明らかにしたのだから、淵上さん曰く、「賢い人には文系も理系も関係ない」らしい。

　今後、新たに発見されるべき情報は、壊れた原発内部の現在の状況と、事故前に海外の原発でとられていた安全対策である。まず、圧力容器や格納容器のどこが破裂したのかを皆が知りたがっている。これはそのうち、ロボットが探索してくれるだろう。もっとも一部のジャーナリストは、まだ、東電と保安院がグルになって、何かしらの重要情報(たとえば、社員が隠し撮りしていた会議や現場の録画)を秘匿している、という陰謀説を主張している。しかし、筆者はもう隠しているものはないと思う。本当に隠していたら、それこそ国民の誰も東電を信用しなくなり、従業員も全員取替えになるだろう。また、事故前の海外の原発における安全対策であるが、事故後にNHKの番組がスイスやアメリカの安全対策を紹介している。たとえば、バルブを手動で開けるための可搬バッテリーや、津波時に海水ポンプを止めないためのシュノーケル排気口である。淵上さんが前出の本でその概要を紹介している。

3.1 │ 勝利の方程式は存在した

　現場の状況をインタビューの情報から再現した『死の淵を見た男　吉田昌郎と福島第一原発の五〇〇日』(門田隆将、PHP研究所、2012年)も面白く必読である。死を覚悟して原発の中央操作室に留まり、バルブを開けていく東電社員を、特攻隊の隊員とダブらせて、感動的に記述している。現場の人は真っ暗闇で熱くて放射能濃度が高い現場に突撃していったことがよくわかる。でも、特攻隊と同じように気持ちは純粋・高潔であるが、残念なことに"竹槍"ではバルブは開かない。現場ではそれでも、津波後に直流電源がないので、バスから取ってきた24Vのバッテリーを運んでは結線して、圧力容器内の各種センサーの数値を読んでいた。1号機がメルトダウンすると放射線量が高くなり、原子炉内を目視で確認する仕事さえも、命懸けであったことがよくわかる。

(2)　組織的な内容になると、報告書ごとに少しずつ解釈が異なる

　(1)で述べたように技術的な内容はどの報告書も似たようなものだが、組織的な内容になると、事実は似ていても解釈が異なってくる。

　一部の報告書では、「菅直人元首相、班目春樹原子力安全委員長、清水正孝前東電社長らの判断がおかしかった」と非難している。しかし、彼らも判断したいのに、「現場から正確な情報が上がってこないので(現場も現状が把握できていなかったので)勝手に思い込みをした」というのが真実であろう。彼らに悪気があったわけではない。しかし、彼らをバックアップすべき経産省と文科省は「逃げて役に立たなかった」という意味で問題である。保安院の原子力保安検査官は地震後も福島第一原発に常駐すべきなのに、住民よりも先に、地震発生翌日の12日朝にオフサイトセンターに移り、4号機爆発後の15日朝に福島県庁に移ってしまった。この時期、「ホアンインゼンインアホ」という回文が出回ったが、それも納得である。実に情けない対応だったのだから。

　これまでに問題とされる判断として、①12日朝にベントが遅れてい

第3章　福島第一原発の事故に"勝利の方程式"はあったのか

たので、菅首相が福島第一原発に乗り込んで活を入れた（でも、吉田所長に決死隊を作ってベントを開けますといわれて納得した）こと、②12日夜に東電本店から海水注入中止を吉田所長に命令した（が、吉田所長は面従腹背で海水注水を継続した）こと、③15日未明に2号機の格納容器が減圧できず爆発するかもしれない状況になり、清水社長が"（一部の運転員を残して？）撤退"すると申し入れたところ、菅首相が東電本店に乗り込んで怒ったこと、④文部科学省がSPEEDI（緊急時迅速放射能影響予測ネットワークシステム、開発費120億円）という放射能の拡散状況を計算するシステムの公開を拒み（漏出放射能のデータが停電によって原発から送信されず、その結果、入力すべき濃度がわからず、出力は放射能が降ってくる場所が風向や風速からおぼろげにわかる程度だったから、不正確だと判断して）、15日の4号機水素爆発後に避難する人々に避難ルートを示さなかったこと、があげられる。

　上記①〜④の4つの問題のいずれも班目先生の著書（『証言　班目春樹　原子力委員会は何を間違えたか？』）に詳しく書かれているが、各報告書も事実の記述はほとんど同じである。しかし、それぞれ解釈が少しずつ異なってくるため、最大公約数を記述すると以下のようになる。

　①菅首相の訪問問題は煩かっただけで、現場の作業には影響なし。②海水注水問題は「海水の影響がゼロではない」という班目発言に政治家が過剰反応しただけで、現場には影響なし。③撤退問題は最小限の決死隊以外は撤退するという意思を、本店や政治家が過剰反応しただけで、現場には影響なし。④SPEEDI問題は、「パニックを恐れた」と文科省は言い訳しているが、「北西の避難路を選ぶな」くらいの情報は与えられたはずで、現場付近の避難民に影響あり、ということになる。すなわち、SPEEDI以外は、現場の周りで騒いでいただけである。「踊る大捜査線」風にいえば、事故は現場で起きていたのである。本店や官邸で起きていたのではない。畑村先生は講演で、SPEEDIの計算結果の拡散

マップと、実際の汚染マップを並べて、「ほらね、似ているでしょ」と見せていた。しかし、班目先生の著書を読んでわかったのだが、その15日の拡散マップは、後日に調査した汚染マップから逆計算して作られたものである。ということは似ていて当たり前なのである。これで班目先生を責めるのは酷である。

　1991年に関西電力美浜原発2号機の蒸気発生器の配管が疲労破壊し、放射能を含む一次冷却水が漏洩する事故が起きたが、関電は原発の入り口の見学者用PRセンターで事故のデータを発表し続けた。霞ヶ関への報告よりも早く発表したことで、マスコミのストレスは大幅に低減された。その一方、福島第一原発事故では、現場・本店・官邸・記者会見と"伝言ゲーム"をする間に、3時間以上はかかった。これではあまりにも遅すぎる。それがわかっているから、原発付近の市町村長は15日の朝、4号機の水素爆発を報じたNHKの現場映像を見て、政府が総員退避を命令する前に、独断で全住民避難を始めたのである。偉い人は「パニックが起きるから」といって情報操作をするが、国民はそれほど愚かではない。勝手に判断するから生情報が欲しいだけである。

(3) 報告書を読むと頭がこんがらがってくるが、それにも理由がある

　筆者がこれらの報告書を読んだ経験から一言いうと、とにかく、頭が良い人がまとめたので、凡人では頭がこんがらがってくる。

　これらの報告書の内容が理解しにくい最大の原因は「原子力発電所が一括りに同じではない」ということである。原発のプロにいわせれば、「それは当たり前だろ、君の家だって隣と違うはず」という程度のことである。しかし、とにかくひとつの原発プラントごとに、付属装置の種類や設置場所、制御条件が、微妙に違っているのである。善意で解釈すれば、エンジニアは設置時期・設置場所における最適解を選択し、さらに微妙に変えることで多様性をもたせて設計したのであろう。しかし、

第3章　福島第一原発の事故に"勝利の方程式"はあったのか

これでは筆者だけでなく、オペレーターが非常時に判断ミスを起こしかねない。少なくともバルブの種類とバルブの設置場所が実体図面として共有されないと、外部から現場に助言することもままならない。

　これではまるで、旧国鉄の蒸気機関車のようである。これも同型機でも小改良と補修によって、一両ごとに個性がはっきり出てくるものだった。逆にそうすることで、「愛着が出てきてよい」と評価するのが日本の設計文化である。日本の旧海軍も艦隊の足並みを揃えるため同形の戦艦を並べたが、細かく見ると少しずつ違ってメンテナンスが大変だった。さらに旧軍の飛行機も潜水艦も、現代の自動車も民生品もやたらとマイナーチェンジが多く、オプションがカスタマイズされて多種少量生産になる。これは日本固有の設計文化であろう。さらに、戦車、大砲、小銃まですべて"擦り合わせ"生産だから、部品一つが壊れると、全体を交換しないと動かなくなる。公差なんてあってなきようなものなのである。2013年3月に国内のピストン工場を見学したが、今でもピストンの直径ごとにグループ分けして納品し、自動車会社ではエンジンのシリンダの径に合うように、ピストンを選ぶそうである（シリンダの径を揃える加工が難しく手直しできないため）。ピストンピン、コンロッド、バルブ、ベアリングまでも選択的な嵌め合いを使っているが、日本の自動車はいわゆる、"現物合わせ"の塊なのである。日本の原発もそんなものの一つであった。

　これがアメリカの製品になると、小銃でも航空機でもコンピュータでも標準化、モジュール化が徹底され、どの部品を交換しても調整せずに動くように設計される。部品同士の「相性」という言葉は、アメリカにはないのである。原子力発電所もアメリカの設計でできた。福島第一も最初から6台並べるのならば、福島第二のように規格を揃えればもっと事故の対応も容易だったかもしれない。

3.1 | 勝利の方程式は存在した

(4) とにかく、それぞれの原発ごとに少しずつ設計が異なる

　たとえば、それぞれの原発ごとに異なる個別設計の例として、後述する福島第一1号機の非常用復水器が挙げられる。直流電源が切れると配管が破断した場合と同様に、全部の弁が閉まる"Fail Close"というインターロックが働くように制御され、実際に津波後に弁が閉まり、非常用復水器は冷却の役に立たなかった。報告書のなかの非常用復水器に関連する章節だけを読むと、"Fail Close"はFail Safeと訳されてその妥当性が説明されるので、「ナルホド、これが原発の一般的な設計指針なのか」と筆者は最初に読んだときに感心した。事故時は論理的に安全側に倒れるから、当然である。

　しかし、実はこのようになっているのは日本中の54機の原発中でも、福島第一1号機と敦賀1号機の、つまり非常用復水器を有する2機しかないのである。他の52機の高圧冷却系はそのままの状態を維持する"Fail As Is"（つまり、インターロックなし）で制御されており、福島第一の2号機・3号機の原子炉隔離時冷却系が津波後の混乱のなかでも無事に動いていたのは、この制御に助けられたからである。つまり、何もしなくてもその稼動状態が保たれたのである。もともとGE社は、「過圧状態の圧力容器を減圧するときに、非常用復水器を逃がし安全弁とともに"常用装置"として用いる」という使用条件を設定して全体を設計していたため、当然、非常用復水器にはヒューマンエラーを防げる"Fail Close"を採用したらしい。しかし、東電は実際、非常用復水器を常用として施工後にただの1回も使わなかったから、非常用の"Fail As Is"に変えるべきだった。国会事故調の報告書では、非常用復水器が"Fail As Is"になっているアメリカのオイスタークリーク原発を紹介していたが、そのように変えることもできたのである。結局、1号機も"Fail As Is"に変更しなかった理由がよくわからない（たぶん、設計したのがGE社だから、やりたくても詳細図面を出してもらえず、でき

第3章 福島第一原発の事故に"勝利の方程式"はあったのか

なかったというのが真相だろう)。

また、別の個別設計の例であるが、外部電源は「地震で送電線の鉄塔が倒れたので壊滅的」と報道されていた。もっとも、女川、福島第二、東海では、少なくとも1系統は生き延び、短時間で外部電源は復活できた。一方、福島第一の外部電源は報道どおりに全滅したが、これは送電線というよりも、系統の遮断機として1～4号機に、耐震性の低い「空気遮断機」が設置されていたことの影響が大きい。空気遮断機は端子を離して電流を遮断するときに、空気を超音速で吹き、イオン化した空気もろともアークを潰す、というものである。電気は接点を離すと、雷のようにイナズマが接点間に走るが、これがアークである。空気中の原子がイオンになって、電気が伝わる。空気遮断機は、息を吹いて火炎を消すように、空気を吹いてアークを消すのである。日本は空気遮断機で電力網を構築したが、今では生産中止になり、ガス遮断機や真空遮断機に駆逐され2割程度しか残存していない。一方、ガス遮断機は空気遮断機と原理はまったく同じだが、空気ではなく、六フッ化硫黄のような反応したり爆発したりしにくい不活性ガスを密閉容器の中に封じて用いる。

空気遮断機は空気を大砲のように放出するので騒音で問題になるが、同様に耐震性でも問題になっていた。たぶん、耐震性が重要視されない古い時代に設計されたためであり、空気遮断機は長い碍子(絶縁体)の上に筒が設置され、見るからに上部が揺れそうである。実際、今回の地震で多くの空気遮断機が碍子の根元で折れたが、小形で碍子長が短いガス遮断機は何ともなかった。福島第一の高電圧送電線は7系統中、4系統は鉄塔が倒れずに生きていたのでガス遮断機を設置しておけば、福島第二のように、1日くらいかけて生存機器をつないで、外部電源は復帰できた可能性が高い。福島第二や第一の5・6号機では、すでに、機器がタンクの中に入って地震に強いガス遮断機を設置していた。新しい原発には新しいガス遮断機が設置されていたのである。残念なことに、福島

第一の3号機はガス遮断機に交換工事中であった。もっと早くできていれば、外部電源が復帰でき、2～4号機は冷温停止できたのかもしれない。

さらに、個別設計例として直流電源(バッテリー、充電可能な電池)の位置がある。福島第一の3・5・6号機は直流電源が生き延びたが、それは直流電源がタービン建屋の地下の中2階のようなところにあって、津波の水がその下の地下1階に掃けて直流電源が水浸しにならなかったからである。設置場所の決定理由は他の機器と同じようによくわからない。

3.1.3 | 冷温停止に至る時系列的なシナリオを抽出する

■津波襲来後、どのような順序で冷温停止に持ち込むべきだったのか

前述した"勝利の方程式"は筆者が勝手に呼称しているシナリオである。実際の現場では、「どうやって冷温停止に至ったか、あるいは事故に至ったか」を報告書から抽出してみよう。

もう1回、図3.1を復習しよう。事故当日、福島第一、福島第二とも津波で大部分の電源盤を失い、津波直後は全交流電源喪失の状態であった。その後、福島第二は、「空冷」の非常用ディーゼル発電機(残りの多くは「水冷」であるが、この「水冷」の非常用ディーゼル発電機は津波で海水ポンプがやられてエンジンが水冷できず動かなくなった)や、外部電源・電源車から配線を引き回して交流電源を供給でき、高圧冷却系や循環冷却系が動いて、原子炉の冷温停止に成功した。一方で、福島第一は事故後、10日間は交流電源が復旧しなかった。そして、消防車による低圧冷却系を用い、圧力容器内の冷却をしようとしたが、減圧操作にモタモタしている間に、燃料棒が過熱してメルトダウンし、一部の放射能を大気や海に放出してしまった。しかし、成功・失敗の違いはあるが、福島第一、第二ともエンジニアは共通して、下記に記すような時系列的なシナリオで冷温停止に至ろうと目論んで、作業していたのである。

第3章　福島第一原発の事故に"勝利の方程式"はあったのか

①　地震後、核反応を停止させ、非常用ディーゼル発電で原子炉を冷却

　福島第一、第二とも、制御棒を燃料棒間に地震中に1.6秒間で挿入することで、核反応を停止できた。また、地震によって外部電源は喪失したが、水冷の非常用ディーゼル発電を起動できた。また、配管や機器は損傷を受けずに、後述の高圧冷却系の非常用復水器(IC)や隔離時冷却系(RCIC)が作動し、圧力容器は冷却できた。ここまでは非常時の訓練どおりで、「2年前の中越沖地震時の柏崎刈羽原発と同じように、冷温停止は可能」とオペレーターは自信をもって行動していた。

　なお、マスメディアや一部の研究者は、「この時点で原子炉やその配管のどこかに損傷が起きていたのではないか」とコメントしている。しかし、多くの報告書、たとえば政府事故調では、「仮に大きな損傷が生じていれば、地震後に漏洩放射能が小さく、原子炉圧力は急減しなかったという事実に反するため、問題となるような損傷は生じなかった」と述べている。一方、国会事故調の最終報告書は、「1号機の非常用ディーゼル発電機の一つが地震で損傷し、最初は動いていたがついに津波到達直前に停止した」また、「地震で配管が破断し、これが原因で生じた漏水を、作業員が原子炉建屋4階で発見した」という新事実を掲載し、反原発派は元気を取り戻している。今後、実機を加振して破断試験を行い、またそのときの放射線や圧力のデータを解析すべきである。そうしないと地震損傷の謎は解明されず、東電が隠したという"都市伝説"だけが横行するだろう。

②　津波後、非常用ディーゼル電源や直流バッテリー電源を喪失

　地震の後、41分後に津波第一波(これは波が低くて問題なし)が、49分後に第二波(高さは平均で13.5m、局地的に17m)が福島第一に到達した。福島第一の原子炉建屋の地面は「十円盤」(海抜10mの基盤という意味の十M盤から命名されたそうだ)と呼ばれているが、もちろん波は

3.1 勝利の方程式は存在した

ここを水浸しにしてしまった。

　津波によって、タービン建屋の扉や窓から海水が流入し、非常用ディーゼル発電機や直流電源のバッテリー、電源の配電盤を喪失した。福島第一・第二では、非常用ディーゼル発電機本体が水浸しになる前に、上述したように水でエンジンを冷やしていたので、海岸脇の「四円盤」の4mの高さに設置されていた海水ポンプのモータが水浸しになった時点で稼動できなくなった。もちろん、全部が機能不全に陥ったわけではなく、なかには3号機の直流電源のように生き延びているものもあった。また、2・4号機の空冷の非常用ディーゼル電源や常用パワーセンター（交流480Vの配電盤）は半死状態だったが、使用できそうなものもあった。これ以後、まずこれらを修復・流用するのに注力するのである。

　福島第一の5・6号機や、福島第二の1〜4号機は、津波に襲われてから2日の間に電源車や生き延びている電源を電源盤や機器に配線し、ポンプや弁を動かすことに成功した。といってもこの配線作業の現場は大変で、三相ケーブルの両端に6個の端子をつけるだけでも4人がかりで4時間もかかり、そのケーブルを敷設するにも5mおきに作業員を配置して、それぞれ30kgの負荷を持ち上げて"バケツリレー"のように手送りしていかなければならなかった。福島第一の1〜4号機でも配線復帰を目指して同様に作業していたが、相次ぐ水素爆発でせっかく引いた配線が切れたり、配電盤に近づけなくなったりした影響が大きく、メルトダウンを防げなかった。

③　津波前から、原子炉の圧力容器内の高圧蒸気を用いて冷却を開始

　中央操作室のオペレーターは、地震が起きてから津波が来る前に、1号機では非常用復水器を、その他の2〜6号機と福島第二の1〜4号機は隔離時冷却系をそれぞれ稼動させた。上述したように、非常用復水器は、圧力容器内の高圧蒸気を水冷パイプに通して蒸気を水に凝縮させ、

第3章　福島第一原発の事故に"勝利の方程式"はあったのか

ポンプを使わずに、その水を重力で原子炉内に流し込める。これは加圧水型原子炉の一次冷却系と同じである。加圧水型ではとにかく蒸気発生器に低圧の二次冷却系の冷却水を流せば、一次冷却系の高圧・高温の水は蒸気発生器内で冷却されて重くなり、ポンプを使わずに重力で循環して原子炉内の燃料棒を冷却できる。そうだからこそ、沸騰水型原子炉よりも本質的に安全だといわれている。確かに福島第一と同じように津波に襲われて全電源喪失に至っても、原子炉を減圧しなくても、二次冷却系に消防車でジャンジャンと注水すれば、蒸気発生器を介して一次冷却系を冷やすことができる。しかも、一次冷却水から抜熱した結果、二次冷却系に生じた蒸気は大気に放出できるので、沸騰水型のように熱が籠もって格納容器をベントしなければならないと頭を痛める必要もない。確かに安全である。

　もうひとつの高圧冷却系である隔離時冷却系は、原子炉の高圧蒸気でタービンを回し、その駆動力でポンプを回して、格納容器の中の水や外のタンクの水を原子炉内に高圧で流し込む。初期の原発に採用された非常用復水器と違って、隔離時冷却系はタービンやらポンプやらが必要になるが、場所をとらないという長所が効いて、その後のすべての沸騰水型に採用された。1時間に180tの水を流すが、原子炉圧力が3.5気圧に低下するまでタービンは回るから、ずっとこれを回しておけば次の手を打つまでの時間が稼げる。しかし、最長の稼働時間は8時間といわれている。隔離時冷却系では、タービンを出た蒸気を引いて閉じ込めるために、真空ポンプや復水ポンプを動かしているが、それらは250Vの直流電源を必要とするため、バッテリー切れを考慮して"8時間"といわれているのである。ところが、図3.1に示すように、福島第一の2・3号機では8時間以上稼動し続けた。3号機は節電しながら直流電源を生かし続けたからであるが、バッテリーも津波でやられた2号機の隔離時冷却系が3日間も稼動し続けた理由がわからない。一度回り始めたら、真

空ポンプや復水ポンプを停止させても稼動し続けるように、アナログのプログラムが組まれているのかもしれない。

　筆者が見学した浜岡原発では、5号機用のシミュレーターの前でオペレーターが訓練する様子を見せてもらった。シナリオは、今まで述べてきた①②③のプロセスどおりである。まず、突然の地震によって、自動的に制御棒が押し込まれて臨界状態の核分裂を止め、主蒸気隔離弁(MSIV、Main Steam Isolation Valve)を閉じて原子炉とタービンを離す。一面のパネルが緑(停止を意味する。交通信号の赤と同じ。一般人の感覚とは逆)、赤(稼動)、警告の赤、要確認の点滅、で埋め尽くされて、その光の渦に素人は圧倒される。原子炉内の水が蒸発して水位が下がり、原子炉圧力が高くなって逃がし安全弁の一つが開く。外部電源が遮断されたので、非常用ディーゼルエンジンが発電を始める。さらに残留熱除去系(RHR)を作動させて、原子炉の水を冷やし始める。そして津波が来る。海水ポンプが停止し、水冷の非常用ディーゼルエンジンが止まり、残留熱除去系も止まる。すぐに隔離時冷却系(RCIC)が作動し、しばらくするとモニターは静かになり、隔離時冷却系の赤だけが緑の海の中に残るようになる。やっと一休みになり、考える時間ができたのである。

　福島第一の1号機の非常用復水器も、冷却能力は隔離時冷却系と同じように十分大きいから、機能的には問題ない。実際、地震から津波到来までの間、オペレーターは、蒸気を水冷するためのタンクの保有水量を維持し、圧力容器に過度の熱応力(急冷すると、部材間の温度にムラが生じて熱膨張量に違いが生じるが、それらの押し引きで発生する応力のこと)を与えないことに気をつけて、冷却速度を1時間当たり55℃以下になるように、始動・停止を繰り返して除冷しながら運転した。始動すると、たちまち圧力容器内の水の温度が低下したことを示すチャートが残されている。

　これら非常用復水器と隔離時冷却系の2つの冷却系は「高圧冷却系」

第3章 福島第一原発の事故に"勝利の方程式"はあったのか

と呼ばれ、交流電源を必要としない。つまり、津波後に停止してしまった非常用ディーゼル発電機とは独立に（干渉されずに、または関係なく）冷却できるはずだった。ところが、その配管内に弁が設置されており、これを駆動するには外部電源から作られた250Vや125Vの直流電源や480Vの交流電源が必要だった。これらの電源を失うと、それらの装置の開閉は制御できなくなる。実際、津波後、すべての原発は"なすがまま"となり、無為に時が過ぎた。しかし、前述したように、福島第一の1号機の非常用復水器はインターロックが働いて弁が閉じて原子炉は冷却されなかった。一方、それ以外の原発の原子炉隔離時冷却系はインターロックが働かずに弁が開いたままで幸いにも冷却され続けた。

1号機はここで成功の道を外れて、大事故の道をひた走る。3時間後の18時頃には燃料棒を冷やす水がなくなり、燃料棒の容器のジルカロイが融け始める。燃料棒内の放射能物質はドロドロと崩壊して、格納容器にまで流れ込んだ。そして、ジルコニウムは水の酸素と反応して酸化し、水素が1t（1万立米）近く放出された。さらに圧力容器の頂部のシリコンゴム製のシールが加熱で緩んだらしく、水素が圧力容器・格納容器を通って建屋に漏出し、津波が襲来して1日後の12日15時36分には建屋内で水素爆発が起きて、放射能付き瓦礫を巻き上げた。しかし、後述するように、放出した放射能の全量から見れば、水素爆発で放出した量はたかだか1％程度である。後から見直すと、水素爆発によって配線作業や弁操作が遅れた影響のほうが、巻上げの影響よりも大きかった。

なお、福島第一の4～6号機は定期検査中だったので、他の原子炉に比べると冷却は火急の仕事ではなかった。また、福島第一の1～3号機ではこれらの高圧冷却系を津波前に起動させているが、福島第二では津波後に起動させている。福島第二では、1・2号機で非常用ディーゼル発電機が全滅したけれど、残りの直流電源や電源盤がほとんど生きていたので、津波後でも問題なく起動できた。しかし、津波前に起動してい

3.1 | 勝利の方程式は存在した

なかったので、仮に福島第一の1号機のように直流電源まで含めた全電源を喪失していたら、津波後に高圧冷却系も起動できずに、3時間後には4機ともメルトダウンが始まったのかもしれない。ラッキーであった。

④ 原子炉内に低圧の冷却水を流し込む配管経路を設置

沸騰水型原子炉の作動時における原子炉内の圧力は70気圧であり、前述の非常用復水器や隔離時冷却系はその中に高圧の冷却水を流し込める。しかし、それの駆動源が高圧の蒸気であるため、数時間後に冷えて圧力が低くなると稼動しなくなる。図3.1に示したように、幸いなことに隔離時冷却系(RCIC)は2号機で14日13時頃までの3日間、3号機で12日11時36分までの1日間(引き続き、同様に高圧蒸気でタービンを回す高圧注入系(HPCI)が稼動できたので、合わせて13日2時42分までの1.5日間)、稼動し続けて冷温停止までの希望を繋いだ。

そこで次なる手段として、高圧冷却系が動いている間に、これらとは別個に、交流電源を使わずに低圧の冷却水を流し込めるシステムを準備すればよい。つまり、福島第一では消火系、福島第二では復水補給水系(MUWC、Make-up Water Condensate)と呼ばれる経路を流用して、外部から消防車やディーゼルエンジン付きポンプ等を用いて、6～8気圧程度の冷却水を原子炉内や格納容器内に流し込んだ。実際の現場にはマニュアルがないので、配管経路をその場の機転でつなぎ出した。たとえば、福島第一の2号機では消火系から残留熱除去系経由で原子炉内に水を流し込む経路を形成したが、このとき直径60 cmの配管に付いている弁を手動で開くのに、10人が交代で重いハンドルを回し、これに1時間を要した(通常は交流電源を使って24秒間で開く弁なのに)。前出の『死の淵を見た男』には、1号機のオペレーターが11日17時半には消火系のディーゼルエンジンのポンプが稼動することを確認し、同18時半から消火用ポンプから圧力容器までの水流ラインを形成するために、

5つのバルブを実物の前に行き、手でハンドルを回すことで開けている。

この低圧冷却系では消防車を用いたが、そのとき消防車の水源が問題になっている。消防車は水の吐出圧力が10気圧でも、水源からの吸引圧力は1気圧（水源を真空にできたとしてもたかだか1気圧という意味）以下であるから、10m以上深い水源からは水を吸い上げることができない。だから、消防車が動いた海抜10mの地盤からでは、海水を吸い上げることができない。もちろん、吸い上げるホースの先に小形ポンプを設置して、その吐出圧力で消防車に海水を供給することも可能であったが、そのような特殊機能をもった消防車は持ち合わせていなかったのである。13日の東電のテレビ会議を聞いていると、「消防車の水源を淡水の防火水槽から海水の逆洗弁ピットに変えてよいか」「消防車による給水の優先権を1号機と3号機のどちらにすべきか」という討論にかなり時間を費やしている。筆者は「目の前に海が広がっているのだから、海水は無限にある」と思っていたが、10mの高さを1台の消防車で吸い上げることは不可能なのである。14日の朝に次々に消防車が到着し、バケツリレーのように海水を逆洗弁ピットまで汲み上げるラインが、やっとできた。これでやれやれと思いきや、2号機のメルトダウンが心配される14日の夕方に、リレーの消防車の1台が燃料切れを起こしていたので、圧力容器への注水も中断している。

また、燃料棒のプールには、この低圧の冷却水を燃料プール冷却浄化系から流し込めばよいはずだった。水素爆発せずに上から放水できなかった2号機では、20日からその低圧冷却系を使っている。しかし、1・3・4号機は、水素爆発でその水流ラインが壊れてしまい、3号機は17日から、4号機は20日から、1号機は31日から、崩壊した建屋の上から、高圧消防車やコンクリートポンプ車（俗称 キリン）を使って注水した。4号機は使用済み燃料が1,331本と非常に多くて危険視されていた。燃料棒の発熱で徐々に水位が下がったが、ラッキーなことに、原子

3.1 │ 勝利の方程式は存在した

炉の上のウェル（燃料交換時に圧力容器と燃料プールとを水でつなげる水溜り）との水位差によって両者を仕切るゲートが動き、ウェルからプールへと水が流れ込んだ。『カウントダウン・メルトダウン』（船橋洋一、文藝春秋、2012年）によると、アメリカの海軍や原子力規制委員会は、この4号機の燃料プールを日本以上に懸念していた。ここが空焚きになれば、格納容器もないから放射性物質が飛散し放題であった。仮に、水蒸気爆発が生じれば東京も避難区域に指定された可能性が大である。

　この消防車による代替注水手段は、アクシデント・マネジメント（AM、Accident Management）と呼ばれる活動から生まれた。前述したように、残念ながらマニュアルにはなっていないのだが、皆があらかじめシナリオを考えていたので、吉田昌郎 発電所長は津波襲来後1時間半経った17時12分にこの代替注水手段を指示している。1994年から活動を始めたアクシデント・マネジメントでは、今回の事故のようなときを想定して、建物の外に消防車のホースのつなぎ口を設置していた。今回の事故では、それが最後の命綱となった。

⑤　逃がし安全弁を開けて原子炉内を減圧し、ベント弁を開けて格納容器を減圧

　上記の④における低圧の冷却系を稼動させるために、とにかく高圧蒸気を格納容器に放出して原子炉内を減圧し、さらにその格納容器内の蒸気を大気に放出して格納容器内を減圧しなくてはならない。ところが、この安全弁とベント弁は形も大きく、バネ力に抗して開け続けるには弁駆動用の圧縮空気と、その弁用の直流電源が必要であった。

　圧力容器を減圧するための逃がし安全弁は、図 3.3(a)に示すような構造になっている。主蒸気管、つまり原子炉の圧力が異常に上昇した場合は、弁体にかかる圧力がバネの力に打ち勝って弁体を押し上げ、その結果、蒸気は圧力抑制室に逃がされる。強制的に主蒸気管の蒸気を圧力抑

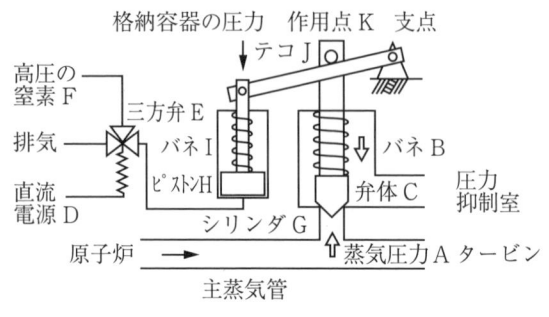

第3章　福島第一原発の事故に"勝利の方程式"はあったのか

- 過圧が働いたときの動き
  蒸気圧力AがバネBで押さえる圧力よりも大きくなると弁体Cは上に移動し、蒸気は主蒸気管から圧力抑制室に流れる。
- 強制的に逃がすときの動き
  直流電源Dに電圧をかけると、三方弁Eが窒素FからシリンダGに流れるようになり、ピストンHがバネIの力に抗じて上に移動する。テコJが上に上がって作用点Kも上がり、弁体Cが上がり、蒸気は主蒸気管から圧力抑制室に流れる。

強制的に蒸気を逃がし続けるには、直流電源Dと窒素Fを供給し続けないとならない。格納容器の圧力が高くなると、ピストンHや弁体Cを下に押さえ続ける力が強くなり、弁は開けにくくなる。

(a) 圧力容器の逃がし安全弁

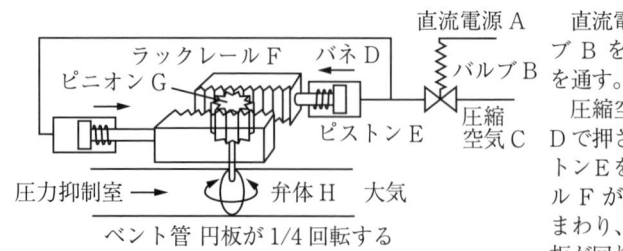

直流電源Aをかけてバルブ Bを開けて、圧縮空気Cを通す。

圧縮空気Cの圧力がバネDで押さえる力に抗してピストンEを動かすとラックレールFが動き、ピニオンGがまわり、同時に弁体Hの円板が回り、流路は開かれる。

ベント管を開き続けるには、直流電源Aと圧縮空気Cを供給し続けなくてはならない。この弁と並列に"小弁"という玉形弁が付いているが、同様に直流電源Aと圧縮空気Cを供給し続けなくてはならない。(ただし、1号機だけはハンドルで開けられた)

(b) ベントの空気作動弁

図3.3　ハンドルを回すだけでは開かないバルブ

制室に逃がす場合は、高圧窒素ガス配管の電磁弁を開いて窒素ガスをシリンダ内に導入し、窒素ガスの圧力でピストンを押し上げ、テコによって弁体を押し上げる。開き続けるには、配管用電磁弁を作動させるための125Vの直流電源と、高圧(数気圧)の窒素の連続供給が必要になる。また、圧力抑制室に付いているベントの空気作動弁は図3.3(b)に示すようなバタフライ弁で、その円板の軸をラックピニオンで回す。浜岡や女川の原発でその弁を見学したが、それは実に大きな弁で、ラックを押すのに太いエアーシリンダが必要になる。いずれにせよ、開き続けるには圧縮空気とその配管用電磁弁を開く直流電源が必要になる。

　二つともノーマル・クローズ(何もしないと閉まる)であることが、事故時には痛かった。つまり、「開けたと思っていたのに、空気圧や電圧が減少して閉まっていた」という事態が繰り返された。この二つの弁以外は電磁弁である。俗にいう"玉形弁"で、根元にねじが切ってある弁体をモータで上下動させる。これは、レバーでモーターの駆動を外せば、手動で弁体を回すことができる。だから、電気がなくても問題はなかった。それならば「逃がし安全弁もベントの空気作動弁も、この電磁弁に変えればよかったのに」と素人は思う。しかし、逃がし安全弁は圧力容器と格納容器の間にあって、弁体の駆動軸を板厚30mmの格納容器を通してトルク伝達するのは面倒であり(格納容器内には水素爆発を恐れて窒素を封入しているが、その空間内で電気を使いたくないという気持ちも働くのだろう。でも非常用復水器の配管はその空間に交流の電磁弁を設置している)、しかもそれが1機に付き8個もある(全部が大変だったら、1個だけでも非常用に手で回せるようにしておけばよかった)。筆者は、「ベントの空気作動弁も電磁弁に変更できないか」とプロに聞いてみたが、「配管の直径が50cmもありそうな大径用の電磁弁は容積的にこの空間に入らない」と言われた。原子炉の底の部屋にある圧力抑制室に行くとわかるが、とにかく狭いところにパイプがひしめいている。

第 3 章　福島第一原発の事故に"勝利の方程式"はあったのか

実際にベントするときは、これと並行に設置された"小弁"と呼ばれる小形空気作動弁を開けたらしい。しかし、1 号機しかハンドルがついておらず、2・3 号機は開けたと思いきや、そのうちにバッテリーか圧縮空気が切れて、バネ力で再び閉じてしまったらしい。

　福島第一の事故では、現場のオペレーターが奮闘して、圧縮空気のためにガスボンベや移動式のコンプレッサーを発電所内の工事事務所から調達し、また直流電源のために自動車用の 12V バッテリーや、一個 2V のバッテリーを直列につなげて、流用したそうである。しかし、使ううちに電圧も空気圧も切れてきた。東電のテレビ会議では、13 日朝 7 時頃に、2 号機と 3 号機の圧力容器の安全弁を開くために、自動車用バッテリーをマイカーから提供することを呼びかけているが難航し、「ホームセンターに買出しに行くから現金を貸してくれ」とさらに呼びかけている。結局、マイカーからバッテリーを 20 個かき集めて電気回路に組み込んだ。

　図 3.1 を見ると、実際に安全弁を開く作業を始めた時刻は、3 号機は 3 時間後の 13 日の朝 10 時、2 号機は 6 時間後の昼 13 時だった。3 号機はときすでに遅く、メルトダウンが始まっていた。13 日昼には、調達チームは近場にバッテリーの買出しに出かけて 8 個買えたが、いわき方面に出かけた他のチームは 1 個も買えなかった。もっとも東電本店は 12 日朝に東芝に 1,000 個の自動車用バッテリーを発注し、13 日深夜には小名浜（いわき市のそば）に届いていたのである。しかし、運送会社が放射能を恐れて、その先に進めなかった。やっと翌日の 14 日の夜 8 時頃に、ドサッと 230 個のバッテリーが届くのだが、ときすでに遅く、2 号機もメルトダウンが始まっていた。自衛隊のヘリコプターで運んでもらえばよかったのに。

　このように、実際の現場では、減圧作業に手間どり、高圧冷却系が生み出した"余裕時間"を使い果たしてしまった。また、3 号機では 1 号

機の水素爆発後に作業員が退避したので作業が遅れ、次の2号機では3号機の水素爆発で同様に遅れた。その後、高圧冷却系が止まり、低圧冷却系が準備できなかった3号機、ついで2号機において、圧力容器内の冷却水が枯れ、1号機と同様にメルトダウン・水素爆発へと失敗の道を進んでしまった。

　なお、福島第二では、津波襲来後の21〜33分後に1〜4号機すべてで、逃がし安全弁による減圧を開始している。高圧冷却系の隔離時冷却系を手動起動(制御盤の手動モードのスイッチを倒すこと、決してその装置の前に行って電源を繋ぎこんだわけではない)するのとほぼ同時である。政府事故調は、この福島第二の迅速な減圧と比較して、福島第一の拙速な減圧を批判している。といってもこの速度の違いは、制御盤のスイッチを押してバルブが動作するか、そのバルブの現場に行って電源をつなぎ込むかの違いといってもよく、現場を責めるのは酷である。

⑥　海水との熱交換器へ、冷却水を循環させて抜熱

　低圧冷却系で原子炉に水を流し込めれば一時的にメルトダウンは防げる。しかし、そのときに発生した蒸気の熱の捨て場所がないと、最後は格納容器内の全体が一様に高温・高圧になって、もはや冷温停止は夢のまた夢になる。圧力容器内の水を大気圧・100℃以下に減圧・冷却する"冷温停止"のためには、少なくとも、高温の蒸気や水の熱を海水や大気に捨てる方法を準備しなければならない。仮に交流電源によって海水ポンプや循環ポンプが回れば、熱交換器を有する残留熱除去系を用いて、原子炉内の水を循環させながら、その中の熱だけを捨てられる。福島第二や第一の5・6号機は、この循環冷却系の経路を作って冷温停止に至った。

　一方、福島第一の1〜4号機は循環冷却系が構築できなかった。しかも、圧力容器や格納容器に"穴"が開いたため、低温冷却系で注入した

水が、いわゆる放射能の"汚染水"に変わって、建屋内に大量に溜まり続けた。そこで、その冷却と浄化を兼ねて、循環冷却系を原子炉外に構築し、地震から9カ月後の12月16日に冷温停止を宣言した。汚染水は、通常運転時の冷却水と異なり、露出した燃料に直接触れているために多量の放射性物質を含んでいる。そのために、循環冷却系の途中にセシウムなどを吸着するゼオライトを詰めた吸着タンクを設けて放射性物質を除去している。放射性物質を吸着した吸着タンクは洗浄して再利用できないため、現在も使用済みの吸着タンクが蓄積され続け、地震後21カ月(2012年12月)で23万tに達した。

3.1.4 事故回避の"勝利の方程式"は存在した

■もう1回、前述の経過をまとめてみよう

3.1.3項で説明した作業のとおり、福島第一の5・6号機、福島第二の1～4号機を見れば、事故回避の勝利の方程式は存在し、実際にそのとおりに実施すれば、冷温停止に至って成功できることを実証している。この勝利の方程式を図3.1に時系列で表したが、図3.4に原子炉の構造でも示す。

まず最初に、交流電源を用いないで稼動できる"高圧冷却系"を、稼動させて1日間くらいの余裕時間を創出し、その間に安全弁とベント弁を開いて原子炉内を減圧し、消防車などを利用した"低圧冷却系"を稼動させる。そしてさらにそれが動いている間に、熱交換器・圧力容器間の循環経路を準備して、"循環冷却系"で連続的に抜熱する。

しかし、1号機は高圧冷却系である非常用復水器の稼動で失敗して、勝利の方程式から脱落した。また、2号機と3号機は、図3.3の安全弁とベント弁を開いて原子炉内を減圧するところで、同様に脱落した。前述したように福島第一の吉田所長は津波襲来の1.5時間後に、消防車による低圧注水を指示しているが、1号機は高圧冷却系の余裕時間をもた

3.1 | 勝利の方程式は存在した

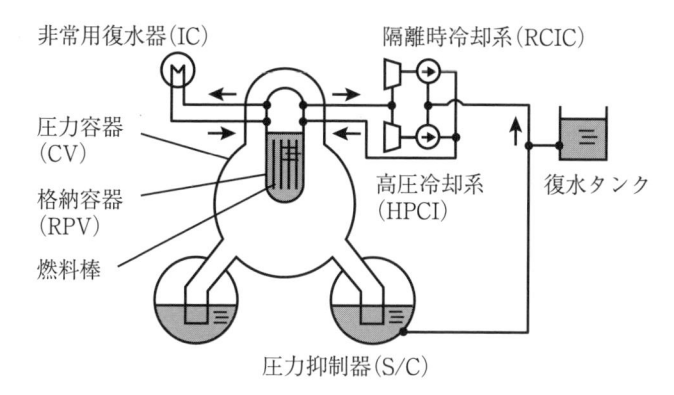

(a) 最初に、高圧冷却系

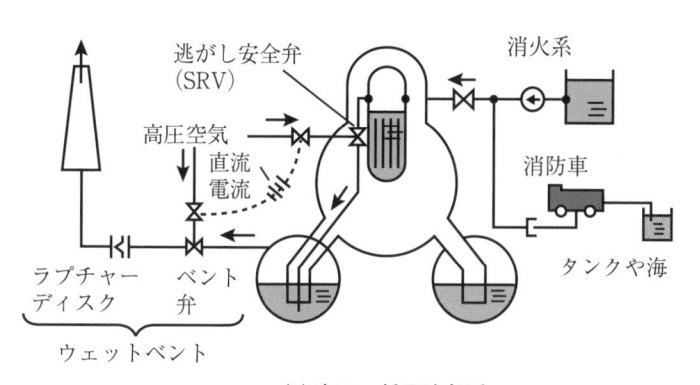

(b) 次に、低圧冷却系

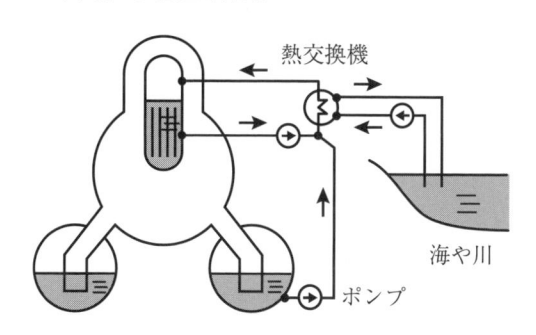

(c) 最後に、循環冷却系

図3.4　冷却停止までの勝利の方程式

なかったので、すでにその頃から炉心露出は始まっていたのである。

なお、前述したように、東電のアクシデント・マネジメントのマニュアルには、消火系を用いた原子炉への代替注水手段が記載されていたが、これはディーゼルエンジン駆動の消火ポンプの使用が前提になっていた。だから、「消防車を用いて防火水槽から圧力容器へと注水する」という所長案は、アクシデント・マネジメントのマニュアルには記載がなかったのである。そのため、現場における役割や責任が不明確になり、使用可能な消防車や送水口の確認、消防車の配置や消防ホースの敷設などの具体的な準備に時間を要した。誰もイメージトレーニングができていなかったのである。

しかし、現場はともかくエンジニアにしてみれば、**図3.1**、**図3.4**の勝利の方程式は想定内であった。そうすれば生き残れることが、皆、わかっていたのである。しかし、それを現場が実施できるか否かは想定外であり、想定外だったからこそ減圧の準備・訓練が絶対的に不足していたのである。身体が頭についていかなかったのである。

3.2 │ 原発の設計において、エンジニアは何を考え落としていたのか

3.2.1 │ 緊急停止設計の何が想定外だったのか

■想定外と想定内の閾値を引く

原子力発電所を緊急停止するときは、「(核反応を)止める」「(燃料棒を)冷やす」「(放射能を)閉じ込める」の3つの作業が必要になるといわれている。今回の福島第一では「止める」はできたが、「冷やす」ができず、結果的に「閉じ込める」もできなかった。つまり、地震と同時に、原子炉内に制御棒を挿入して核分裂の連鎖反応を止めることはできたが、その後、不安定核から放出される放射線から生まれる、いわゆる崩壊熱

3.2 | 原発の設計において、エンジニアは何を考え落としていたのか

を、津波襲来後に冷却できなかった。

869年の貞観地震の規模が、この10年で考古学的に明らかにされてきた。しかし、明らかになったといっても、「1142年ぶりに同規模の大津波が襲来することを予見すべきだ」と、東京電力と国を責めることは酷であろう。大津波と同程度に低い確率で起きるイベントは数多く、たとえば火山爆発、山火事、飛行機墜落、隕石落下、テロによる魚雷・ミサイル攻撃、戦争による砲撃、記録的豪雨による土石流、河川の洪水、河川・海浜の渇水など、いくらでも考えられる。しかし、たとえ不幸にもそれらが出来し、原発が全電源喪失、建屋損壊、周辺機器損傷などに至っても、原発運転者は「止める」「冷やす」「閉じ込める」を短時間（たとえば原子炉減圧作業を1時間以内）に行えるような、非常時の作業の準備と訓練を欠かしてはならない。

1990年に「発電用軽水型原子炉施設に関する安全設計審査指針」という文書が原子力安全委員会で決定された。そのなかの「指針27　電源喪失に対する設計上の考慮」において、「長期間にわたる全交流動力電源喪失は、送電線の復旧又は非常用交流発電設備の修復が期待できるので考慮する必要はない。」と記述されている。この「長期間」は、文章化されていないが、委員会では30分以上と解釈されていたそうである。このときはそれでよかったかもしれないが、2001年に飛行機が世界貿易センタービルに激突する同時多発テロ攻撃が起きてからは、アメリカでは「長期間」を数時間と解釈して、その数時間を耐えるために、アメリカの原子力規制委員会（NRC、Nuclear Regulatory Commission）は"B.5.b"と呼ばれる規制を作成した。それこそ、**図3.4**の勝利の方程式を完成するための規制であり、特に「冷やす」の減圧・注水を手動（まさに人間の手による駆動）で実施する手法を提示した。2005年頃に、アメリカはこれを日本の保安院に説明したが、保安院は「日本には上述の設計指針があるし、テロも起きそうもないし……」と言って無視した

第3章 福島第一原発の事故に"勝利の方程式"はあったのか

のである。

今回、東電と国が責められるべきことは、長期間の全交流電源喪失時の非常用操作、特に減圧・注水の低圧冷却系の準備と訓練があまりにお粗末だったことだろう。当然、準備・訓練していなかったとしても、現場は責められない。むしろ逆に、「よくぞあの悪環境下で献身的に作業した」と褒めるべきである。反省すべきは、非常時のシナリオに目を向け、リスク低減のために準備と訓練に投資しなかったエンジニアにある。

とはいっても、エンジニアは、これまでにアクシデント・マネジメントとして、1994年から、隣接原発からの電源融通や、消火系による代替注水、耐圧強化ベントによる除熱、などを実施してきた。すべてが今回の福島第一・第二の冷温停止に役立ったのである。しかし、2000年からはもっとその先を考えて、さらなる対策にも投資すべきであった。NHKの特別番組で紹介されたように、アメリカやスイスでは、この10年の間に全電源喪失時の作業の準備と訓練が日本よりも進んでいた。技術力の高い日本ならば、ちょっと真似をすれば追いつくことは簡単である。それをやっていれば、今回の事故でさえも、スリーマイル島事故のような原発内事故のレベル5にまで、放射能漏洩の損失を小さくすることが可能であった。

繰り返すが、「原子炉の減圧作業を1時間以内に終えて、消防車による低圧冷却系で原子炉に注水する」ための準備と訓練ができていれば、(1号機は非常用復水機が稼動しなかったので一部の燃料棒は損傷しただろうが)2号機と3号機は冷温停止に持ち込めたはずである。そして、日本の高い技能・技術で現場が対処すれば、実に簡単に実現したであろう。対策費用も、浜岡原発のように1,200億円をかけて津波対策用の高さ20mの防波壁を作るよりは安く済む。後日談となるが、福島第一の事故後、すべての原発で最低でも準備・訓練を完璧にしたのは、この減圧作業と低圧注水に対してである。事故後の現在では、このシナリオに

3.2 | 原発の設計において、エンジニアは何を考え落としていたのか

対してよく準備・訓練されているので、これから50年間は、東日本大震災と同じ規模の津波が来ても、福島第一と同じような事故は起きないであろう。

3.2.2 | 「冷やす」と「閉じ込める」は干渉設計だった

■別の要求機能に副作用が生じる干渉設計になっていた

　原子炉の崩壊熱は住宅火事の後の"残火"のようなものであるが、熱量はとんでもなく大きい。正直に言うと、事故前の筆者は、止めた後にこんな大量の残火が生じることを知らなかった。崩壊熱という言葉は薄々知っていたが、熱量は予想外に大きかった。たとえば、運転停止直後では原子炉の熱出力の7%程度の発熱量を有し、1日後に0.6%程度、1年後に0.2%程度と指数的に減少するといわれている（プロの人たちは値を丸めて、直前で10%、1時間後に1%、100日後に0.1%と覚えている）。たとえば、1号機は発電出力が46万kWだから、発電効率を30%とすると熱出力は153万kWとなり、1日後の0.6%は9,200kWになる。この熱を大気圧下で水の気化熱(540cal/g)と顕熱(20℃から100℃まで80℃加熱するときは80cal/g)で冷却するには、$9,200 \div 0.62 \div 4.2 = 3,500g/s = 3.5kg/s$、毎分0.21t、毎時12.7tの水を原子炉に注入すればよかったのである。普通の消防車でも最大圧力10気圧程度で、毎分2tで放水できるから余裕の流量である。しかし、上述したように、原子炉の圧力容器の中は大気圧でなく、70気圧と高圧だった。10気圧で放水しても、冷却水が圧力容器の中まで入らない。

　そこで減圧操作が必要になる。つまり、図3.3で示したように、原子炉の圧力容器の逃がし安全弁を強制的に常時開になるように固定させて、高圧蒸気を抜いて減圧する。そうすると、次第に格納容器の圧力・温度も上昇するので、さらにベント弁を作動させて蒸気を格納容器から大気に放出させて減圧する。しかし、これらの弁はノーマル・クローズに

なっているから、常に直流電源や圧縮空気を与えないとならなかった。イザとなったら現場でよくやることであるが、バブルを手で回すためのハンドルや電磁弁の弁を並進させるソレノイドに楔を打ち込んで開きっ放しにすることも試みられたようである。しかし、何しろ暗くて熱くて放射線量も高いので、短時間で凝った作業を実施することは不可能だったのである。

2013年3月10日に放映されたNHKスペシャルの『メルトダウン原子炉"冷却"の死角』では、「3号機における消防車による注水経路で東電の見落としがあり、注水した55％が原子炉でなく復水器に流れていたことを発見した」と報道していた。東電から配管図を入手して再検討して見つけたらしいが、その漏水のために致命的な冷却不足を起こしていたらしい。そもそも減圧遅れでメルトダウンした後の話だから、冷却が多少不足しても後の祭りだと思うが、これも事後研究でわかった新事実である。

もう一つ、減圧作業の最終段階の数時間、現場が生きた心地がしなくなったものとして、ラプチャー・ディスク（破裂板）が挙げられる。「閉じ込める」を確実にするため、ベント弁の直列に並ぶ2個に加えて、ラプチャー・ディスクを直列に加えた。これは読んで字のごとく、圧力が設定値よりも高くなると破裂する板であり、プラント配管にはお馴染みの機器である。お椀状の円板と、十字架のようなナイフを配管内に設置し、圧力が高くなると円板が変形してナイフと接触して壊れる。電気回路において電流が設定値よりも高くなると溶断する、いわゆるヒューズみたいな受動的な安全機器である。

「ベントの経路には2個の弁があるから、両方を閉めていれば流体は遮断されるはず」と考えるのは、プラントを知らない人間である。なぜならば、バルブは閉めても少しは内通するからである。ちょうど、水道のバルブをギュッと閉めないとポタポタ漏れるようなものである。しか

3.2 | 原発の設計において、エンジニアは何を考え落としていたのか

し、ギュッと締めすぎるとグランドパッキンを切ってしまうので、その手加減が難しい。どうしても閉まっているか知りたいときは、2個のベント弁の間を真空にして、真空度を測る。真空度が保たれたら漏れがないと証明できるが、ふつうは面倒なので、どうしても確実に遮断したいときは、ラプチャー・ディスクを設置するのである。そして、ベント弁を開いて減圧したい場面で、最後の最後にこのラプチャー・ディスクが割れなかったのである。

2号機は特に悲惨であった。14日の夜から15日の朝にかかって、もう格納容器の圧力が0.8MPaと最大圧力の0.4MPaの2倍に達しそうなのに割れず、圧力が下がらないから消防車で注水もできない。結局、15日の朝6時に4号機が水素爆発したときに、2号機の圧力がやっと下がったが、高温・高圧の状態を数時間も続けてしまった。この圧力低下はラプチャー・ディスクが割れたというよりも、格納容器のどこかが破裂した可能性が高く、図3.5で後述するが、このときから桁違いに濃い濃度の放射能が放出するのである。東電のテレビ会議も14日の真夜中まで録画が公開されているが、何度もラプチャーは割れたかと本店は聞いている。だいたい、破裂設定圧を常用圧力の2倍に設定するほうも悪い。なお、14日深夜23：30頃のテレビ会議でも0.85MPaで割れると言っているから、筆者はそうだと今も信じているが、どの資料を見ても0.427MPaで割れると書いてある。だとしたら、一体、どうしてベントの経路が開通しなかったのだろうか。再び、弁が閉まったのであろうか。

一方、INPOの報告書を見ると、アメリカの沸騰水型原子炉は「ベント回路にラプチャー・ディスクを設置していない」と書いてあった。これは筆者には衝撃的であった。たとえば、水素を逃がしたいとき、または配管に亀裂が入ったので排気筒から海方向に拡散させたいときに"Early Vent"（格納容器の最大圧力に達する前にベントすること）したくなる。このときにラプチャー・ディスクは邪魔なのである。これも

「閉じ込める」をあまりに重要視したために、イザというときに「冷やす」に干渉した実例である。

　また、方程式の3番目の循環冷却系で述べたように、低圧冷却系で水を注入し続けると「冷やす」は達成できるが、圧力容器も格納容器も水浸しになって、最後は今回の事故のように汚染水となって圧力容器から漏れ出てしまう。つまり、「冷やす」に注力すると、「閉じ込める」が成立せずに干渉が生じる。このために最低でも循環冷却系を構築して、熱交換器を用いて海水によって原子炉冷却水から抜熱する。そうすることで原子炉冷却水は循環配管内に「閉じ込め」られ、しかも、その熱だけは除去して「冷やす」ことを機能分離して実行できる。こうなると、もはや干渉設計ではなくなる。

　今回の事故では、「冷やす」と「閉じ込める」がいくつかの場面で互いに干渉し、過度な「閉じ込める」が「冷やす」を阻害した。すなわち、前述の"Fail Close"の1号機の非常用復水器や、前述のノーマル・クロースのベント弁、耐圧の2倍で割れるラプチャー・ディスクは、「閉じ込める」を過度に優先設計してできた産物であり、実際に「冷やす」を"邪魔"したのである。

3.2.3　「閉じ込める」が破綻した後の再生対策も想定外だった

(1)　閉じ込めの破綻後の処理は何も考えていなかった

　福島第一原発の事故では「閉じ込める」が最後に破綻して、大切な国土や海洋が汚染された。このような大規模汚染のリスクに関しても、誰もあらかじめ危機管理しておらず、想定外だった。いまだに何をすべきか、政府は対策案を示して本格稼動していない。

　今回の事故で明らかになったことだが、過去の事故データとして、広島の原爆被爆者の長期健康検査データや、チェルノブイリの近郊の環境調査結果が、日本国民の思考の手助けになった。そうでないと、定量的

3.2 原発の設計において、エンジニアは何を考え落としていたのか

に放射能の恐ろしさがわからず、右往左往するだけであっただろう。世界の将来のためにも、今回の事故のデータをきちんとまとめて報告すべきである。広島・長崎・チェルノブイリも共通して、被爆直後から2年後くらいまでのデータは隠蔽や未調査で不明らしい。福島第一の事故直後からの追跡調査記録は貴重である。

　放射線とガンについていろいろな本が出ているが、『放射線医が語る被ばくと発がんの真実』(中川恵一著、KKベストセラーズ、2012年)がとてもわかりやすい。この本には、① 原爆被害者のデータから年100mSv以下ならば発がんの増加は認められない、② 被爆者健康手帳によって毎年、無料で健康検査が受けられるので、広島が政令指定都市のなかで女性の長寿日本一になった、③ チェルノブイリ事故の25年後の追跡調査報告書から、ソ連は年5mSv以上となる地域の住民640万人を強制避難させたが、社会面・経済面・精神面に影響が出て、ロシア・ウクライナ・ベルラーシの平均寿命が5から7年短くなってしまった、と書いてある。最後の過剰避難による負の影響には驚いた。中川先生はこの過剰避難の記述によって反原発団体から痛烈な反発を食らっているが、情報元のロシアの報告書は科学的に述べているものであり、決して政治的な書ではない。筆者は、寿命短縮の原因は、過剰避難よりも、ソ連崩壊後の格差増大のほうが影響大だと思う(仕事がなく、ウォッカを飲みすぎた?)。しかし、避難している福島の住民の方々が述べている精神的苦痛を聞く限り、広島や長崎の原爆後の住民のように避難せずに、放射線の怖さを知らずに住み続けたほうが、精神的には良いのかもしれない。今後、福島県の住民は毎年、全員が無料で健康チェックを受けられるが、少なくともガンの早期発見には有効で、確実に寿命が伸びるのではないだろうか。

　今回の大津波の損害も尋常ではないが、三陸の街は再生に取り掛かっており、希望の灯はともっている。しかし、原発周辺の街は海も山

も汚染されて、しかもあまりに汚染地域が広いので除染もままならない。たとえば、水俣病の有明海やイタイイタイ病の神通川、ヘドロ公害の田子の浦のように、30年も経てば自然を再生できるのだろうか。

筆者の自宅がある松戸市も、実はホットスポットである。役所と交渉すると除染してくれるらしく、4軒隣でも、庭の除染作業をしていた。年間数ミリシーベルト(mSv)浴びて0.1％くらいはガンになる確率は高くなろうが、肥満の20％、喫煙の60％、毎日3合以上の飲酒の60％に比べれば、誤差範囲である。なお、シーベルト(Sv)は生体への被爆の大きさの単位である。ふつうは毎時シーベルトを単位として、センサーで計測され、「年間被爆量が100mSvを超えるとガンで死亡する確率が0.5％増え、1Svで5％、10Svで50％増える」と医学的にいわれている。1999年のJCOの事故では20Svと10Svを被曝した従業員が2名死亡したが、5Svの1名は退院できた。

(2) 事故で漏洩した放射線量を定量的に解析する

今回の福島第一原発事故の漏洩放射能を定量的に押さえておこう。

放射能は大気へ、または土中へ、海水へと漏洩している。まず事故の初期で水素爆発が起きた。つまり、格納容器が約300℃と高温になり、その結果、フランジや電気配線貫通部の樹脂シールが溶けて、水素と一緒に放射能が建屋内に放出され、1・3・4号機は建屋内で水素爆発が起き、瓦礫とともに放射能物質を空高くに放出した。さらに、1・3号機ではベントを行った。つまり、格納容器の蒸気を圧力抑制室の底の水に潜らせてから、薄く大気に放出したのだが、このとき放射能を放出してしまった。そして最後に2号機では、格納容器のどこかが破裂して水を通さずに濃い放射能が大気に放出された。専門家は破裂した場所を、ドーナツ状の圧力抑制室と筒状の外側容器を結ぶパイプについており、熱膨張を緩和するための"ベローズ"(蛇腹のような形状をして容易に

3.2 | 原発の設計において、エンジニアは何を考え落としていたのか

長さが変化できる管継ぎ手)と推測している。特に、3月15日朝の4号機の水素爆発後、2号機からの濃い放射能は雨に混じって、福島第一原発の北西の飯舘村方面に降り注いだ。15日後も、1・2・3号機の格納容器の破裂部分から底の水を通さずに、濃い放射能が3月末にほぼ終息するまで放出し続けた。また、水素と同様に、格納容器から冷却水も漏れ出し、"汚染水"として建屋地下に溜まり、一部は海に放出されてしまった。

放出された放射能の量は東電の資料(2012年5月発表)によると、ヨウ素 I131 とセシウム Cs137 のヨウ素換算とで 900 P B q(ペタベクトル、P は 10 の 15 乗)である。1Bq は放射能の量を示す単位で、1 秒間に放射性核種が 1 回崩壊すると 1Bq である。このほかに半減期の短い希ガスの放射能が 500PBq も放出されたが、INES(国際原子力指標尺度)評価は上述の I131 + Cs137×40 のヨウ素換算値を用い、希ガスは無視している。また、原子力安全・保安院と日本原子力研究開発機構はともに 480PBq と発表したが、真実の値も数百 PBq 程度なのであろう。チェルノブイリの事故ではヨウ素換算で 5,200PBq(昔の単位では 1.4 億 Ci、キュリー)放出したと報告されているので、福島第一の事故を 900PBq とするとその 17％、480PBq とするとその 9％に当たる。

また、上記の東電の資料によると、建屋の水素爆発による放出量が約 5PBq、格納容器ベントによる放出量が約 1PBq、格納容器から建屋へと水を通さない放出量が約 900PBq(つまりほぼ 100％)と、圧倒的に 3番目が多かった。時間変化は、**図 3.5** に示すように定量的に分析されている。ベントや水素爆発が起きても、それを契機に放射能が激増しているわけではない。筆者らのようにテレビの映像を凝視していた一般市民は、「濃い放射能が水素爆発で瓦礫とともに大量に飛散し、ベントによって排気筒から蒸気とともに広域に飛散した」と感情的に信じていたが、それは定量的には間違いであることがわかる。3月15日6時に、

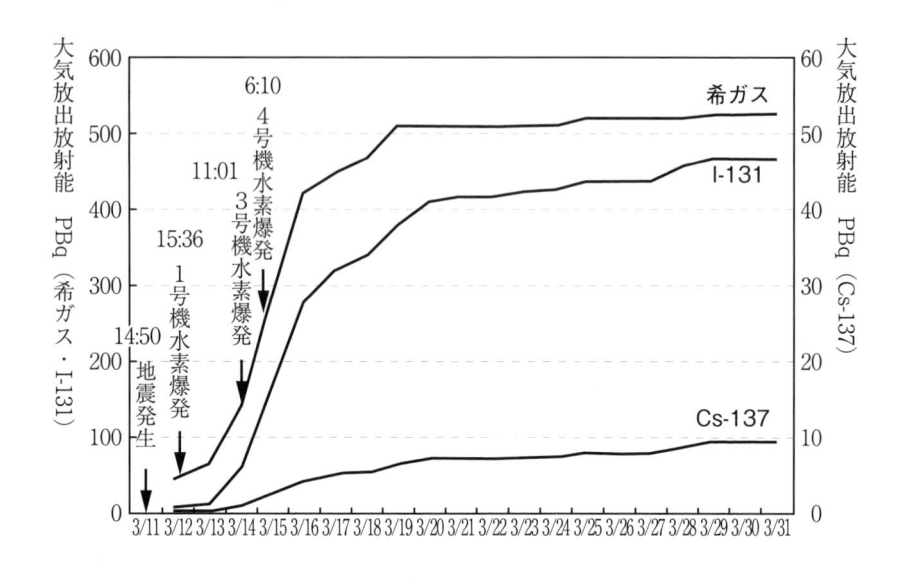

第 3 章　福島第一原発の事故に"勝利の方程式"はあったのか

出典）　東京電力、「福島第一原子力発電所事故における放射性物質の大気中への放出量の推定について」（2012 年 5 月）

図 3.5　大気放出放射能の累積値の経時変化

1・3 号機に続いて水素爆発が 4 号機（当時は 2 号機と同時爆発と報道されていた）にも起きた。このとき一般市民は、「ガス抜きが終わってヤレヤレ最悪状態を脱したか」と直感的に安堵したが、実はこの後から大量放出が静かに始まっていたのである。4 号機の水素爆発時でも、セシウムは全漏洩量のまだ 20％程度しか漏洩していない。

この Bq から Sv（シーベルト）への換算が実は面倒である。Bq は放射能で、Sv は放射線だから、そもそも単位が違う。ちょうど光源の輝度と光が当たる面の照度との違いに似ている。筆者がジタバタと試した限り、水でも土でも放射性物質を点状の線源に変えて、そこから 10cm 離れたところで放射線を測ることを想定するのが最もわかりやすい。1M（メガ）・Bq/kg が 100mSv/y（ミリ）に換算できる。概算でもオーダを比べると数字の意味がわか

3.2 │ 原発の設計において、エンジニアは何を考え落としていたのか

る。500Bq/kgの食料ならば0.05mSv/yとなり、原発の敷地境界線の許容線量と同じになる。3月20日の飯舘村の土壌中の放射性ヨウ素は117万Bq/kgだから117mSv/yとなり、癌になって死亡する確率が0.5%になり健康に影響するレベルに達する。人間の身体はカリウムK40が存在するので、100Bq/Kgくらいである。10cm離して測ると、0.01mSv/y = 0.0011μSv/hくらいだから、自然放射線1.5mSv/y = 0.18μSv/hと比べれば非常に小さい。また、土壌の深さ1cmまで均質に放射能物質が存在すると仮定すると、1m^{2}当たり比重2として20kgになるから、20M・Bq/m^{2}が100mSv/yに換算できる。チェルノブイリの避難目安の185kBq/m^{2}は0.9mSv/yであり、これはちょうど一般住民がさらされてよい人工放射線の限度に等しい。

　放射性物質は水を通すと100分の1に減る（しかし、ブクブクと沸騰している水には溶けにくく、あまり減らないらしい）といわれている。しかし、福島第一原発では、水を通らずに格納容器のどこかから噴出した放射能のガスが、その後の広域土壌汚染を引き起こしたのである。仮に燃料棒がメルトダウンしても、放射能のガスを、水を通してからベントすれば放出量を著しく減らせただろう。仮にウェット（水を通したという意味）ベント経路が速やかに開き、格納容器のどこかが緩む前に、高圧蒸気が開放されれば、「閉じ込める」がもっと軽減された形で実現したかもしれない。

　これらの放射能で原子力発電所内の作業員の多くが被曝した。たとえば、国会事故調の報告書によると、100mSv以上に被曝した人は167名であり、250mSv以上は6名であった。しかし、これだけの大事故であったのに、チェルノブイリの事故と異なって、作業員や近隣住民に対して放射線による重症患者は出ていないのは、人命尊重や緊急避難が成功したからであろう（避難時に病院患者が亡くなったが）。しかし、年間20mSvを被爆する恐れのある地域から、約16万人の住民が避難し、い

まだに除染は進まないので自宅に戻ることもできず、精神的に不安定な人が少なくない。

今、国土の汚染に対して、国を挙げてやるべきことは、大規模除染作業の試行、被爆者・住民の長期的な健康診断、農業水産物の全数放射線検査等であろう。日本が世界初の再生技術を開発すれば、公害からの再生に続いて、環境技術を重視する国として世界から注目される。それくらいやらねば、この災害を学んで将来に生かすことにはならない。

3.3 単純な判断ミスも起きたが、これらも想定外だったか

3.3.1 バックアップのエンジニアは有効な助言を現場に与えなかった

前述したように、福島第一原発では第二と同様に、事故回避のシナリオどおりに作業が進んでいた。しかし、「クリティカルな場面で、いくつか単純な判断ミスを犯したのではないか」と筆者は思っている。と言っても、筆者はその判断した人間を責めているわけではない。しかし、現場のオペレーターや幹部、後方でバックアップするエンジニアまで一体となって、判断ミスを防ぎ、新たなアイデアを生むような協力作業が見えないのが残念なのである。東電のビデオ会議を聞く限り、本店から気の利いた提案がまったく出ていないことに驚いた。

1970年にアポロ13号の酸素タンクが爆発し、搭乗員が宇宙から帰還できるかが怪しくなったことがある。そこで、有名な映画で示されているように、地球のコントロールセンターにおいて、バックアップのエンジニアが生きている装置や装備を流用して帰還手段を考え、それを搭乗員に伝えていった。『アポロ13号奇跡の生還』(ヘンリー・クーパーJr 著、立花隆訳、新潮社、1994年)に詳しいが、たとえば、司令船の回りに水滴が漂って星が見えないため、小さな窓から地球の日陰と日向の

3.3 | 単純な判断ミスも起きたが、これらも想定外だったか

境が測定線をすぎるときを計測して、大気圏再突入の角度を調整している。何かしら、宇宙船にあるものを使って有用な方法を見つけているのである。今回の事故でも本来は、本店のエンジニアがこのように提案しなくてはならなかった。東電のテレビ会議を何時間見ていても、現場からは報告と承認、本店からは確認と督促ばかりで、本店の後方部隊からの助言や発案がなかった。また、設計・保守担当の日立や東芝のエンジニアからの助言は、別ルートで連絡していたのか、まったく録画されていなかった。電機会社の友人によると、結構、いろいろ手段(たとえば、燃料プールへの放水方法や、汚染水の格納方法)を考えて現場には情報を送ったそうである。しかし、敗軍の将は言い訳をしてはいけないのか、誰もその当時の活動を公表しないのが現状である。

実は、第3章の第一稿の下書きを、日本原子力技術協会の石川迪夫最高顧問に見てもらった。石川先生は筆者の東大工学部機械科の先輩であり、ホッケー部の先輩でもある。皆がメルトダウンという言葉を避けていたときに、「燃料棒はドロドロに溶け落ちている」と発言して政府からヒンシュクを買っていたが、結局はそのとおりであった。その原子力一筋の石川先生が事故直後に、「死んでもいいから福島に行って手助けしたい」と言っていたのに東電から何も応答がなかったそうである。事故後も堂々と正しい原発技術を述べるので、原発反対派から総攻撃を受けているが、石川先生のような真摯な"生き字引"から失敗の道筋を聞きだすのも、再発防止の有効策である。

3.3.2 | 非常用復水器の津波後の停止を予見し、再稼動できたか

(1) 非常用復水器が津波後に再起動したのに、止めてしまった

福島第一では原発のシミュレーターで、オペレーターを指導していたそうであるが、そもそも1号機だけに特別な非常用復水器はそのシミュレーターにもなかったそうである。福島第一の1号機と同じように初期

の原発である敦賀1号機では、原子炉が高圧になったとき非常用復水器を用いるそうであるが、それでも40年間に12回しか稼動させていないそうである。福島第一では原子炉が高圧になったら、逃がし安全弁を開いて減圧するのが標準的な常用プロセスとなっていたそうで、試行以外で非常用復水器を稼動させたのは今回が初めてだったらしい。自動車のエアーバックのように、安全装置と言いながらそれが稼動したところを見た人はいないのである。イザとなったら動くことを信じるしかない。

事故当時、オペレーターには、非常用復水器が稼動すると熱交換器の出口（通称、豚の鼻）から蒸気が噴出するということだけが伝わっていたそうである。であるが、津波襲来後も、非常用復水器が稼動しているかどうかがわからず、その3時間後の11日18時すぎに弁のスイッチを開閉させていたら、たまたま開いて非常用復水器が再び、稼動したように見えた。しかし、オペレーターはもし津波襲来後もずっと稼動していたら冷却用の水が枯渇して配管が損傷するかもしれないと判断して、再び閉じてしまった。こうして、メルトダウン途中であるものの、燃料棒の損傷をいくらかは軽減するかもしれないチャンスは費えてしまった。非常用復水器の稼動自体が想定外の事象だったから、簡単にこの判断を責めるわけにもいかない。

実際はこのような最悪の状況だった。それでも津波後に、非常用復水器の"Fail Close"の特徴を理解し、「それを稼動させるために弁を開ける直流電源を優先的に用意せよ」といったような対策を、客観的に対応できたはずの東電本店やメーカーのエンジニアがなぜ提案しなかったのだろうか。報告書には提案したという記録もないから、「1号機はメルトダウンする運命だった」といわざるをえない。

国会事故調の報告書には、前述したように、アメリカの沸騰水型原子炉の非常用復水器の調査結果を参考文献で載せているが、"Fail Close"のインターロックは取り外しているそうである。鉄道では昔から「車両

3.3 | 単純な判断ミスも起きたが、これらも想定外だったか

火災が起きたらまず停止せよ」と指導していた。しかし、1972年の北陸トンネルの火災事故では、急行列車がトンネル内で停車した際、その後の停電で動けなかった結果、30名が一酸化中毒で亡くなった。たまたま、対向のディーゼルカーの急行に乗客が乗り移ることができ、乗客760名の全員が亡くなるといった事態は回避できたが、この事故の後から「長大なトンネル内の火災は止まらずに走り抜けよ」にマニュアルが変わった。その結果、1996年の英仏海峡トンネルの火災事故のとき、貨物シャトル列車の運転士はマニュアルどおりにフランス側からイギリス側に走り抜こうとし、(途中で車軸が過熱して避難口前で停止したが)乗客乗員30名は全員無事に救助された。Fail Safeがいつも正しいとは限らない。

(2) 非常用復水器は本当に再起動していたのか

3月11日18時すぎに、なぜオペレーターは1号機の非常用復水器が再稼動したと思ったのか、詳細に説明する。圧力容器から非常用復水器までの弁は、原子炉から非常用復水器までの入側に2個、出側に2個ある。特に、内側の弁は格納容器内に設置されているから手動ハンドルがなく、480Vの交流によって遠隔操作で稼動する。閉じるまでに10秒かかるそうであるから、津波襲来後、"Fail Close"で閉になる間に交流電源も落ちたので、半開のままになっていた。このため、その3時間後にたまたま直流電源が復活して外側の弁が開いたときに、結果として4つの弁が全部開いたことになって、非常用復水器が稼動したのであろう。仮にオペレーターがもっと早い時間に、その作業を試行し、たまたま非常用復水器が動けば、8時間程度の余裕時間は生まれたのかもしれない。しかし、この幸運があったとしても、その後、減圧操作に半日もかかったので、メルトダウンは避けられなかった。

2013年3月頃、JR東海の東海道新幹線の指令室を見学したとき聞い

たことだが、地震が起きると新幹線の架線の電流が遮断され、車両は"停電"ブレーキという摩擦ブレーキが作動するそうである。常用運転では回生ブレーキ（モータで発電させてその仕事が抵抗になる）を時速270kmから30kmまで減速させる際に使って、駅で停止させる直前だけに摩擦ブレーキを用いる。それだから時速270kmから蓄積していた圧縮空気でブレーキシリンダを押し続けて完全停止させる、上述の停電ブレーキは"一か八か"の非常用といえる。ところが、架線の電流を遮断しているから、列車は一度止まったら、再び動かすことができない。トンネル内に止まって火事でも出たら、または崖が崩れ始めようとしても、逃げようがない。当然のように、「地震時は架線が切れるから動力用電源を切ることが不可欠である」といわれているがこれも疑問である。架線が切れて短絡するより、列車が動かなくなるほうが、リスクは高くなるかもしれない。

なお、福島第一の1号機において、非常用復水器以外に使えそうな高圧の冷却系として、高圧注水系が設置されていた。これは、高圧蒸気でタービンを回し、その駆動でポンプを回して、高圧の冷却水を1時間に682tと大量に原子炉内に流し込むシステムである。福島第一のオペレーターは、「水位が基準レベルにあるときに用いると圧力容器の中が水浸しになる」と判断したのかもしれない。もっとも稼動させようとしても、直流電源が落ちていたため、そもそもタービンが制御できず、しかもタービンのすべり軸受用の油ポンプも起動できないので、オペレーターもすぐに期待薄と感じたはずである。東電の報告書にも、「高圧注水系は直流電源がないため稼動できず」と淡白に記してある。

3.3.3 ｜ 3号機の高圧注水系を、減圧を確認せずに運転停止した

■せっかく動いていた高圧注水系を止めてしまった

津波襲来翌日の3月12日11時36分に、3号機の原子炉隔離時冷却

3.3 ｜単純な判断ミスも起きたが、これらも想定外だったか

系（RCIC）が自然に停止した。そこで圧力容器の水位が低下し、自動的に高圧注水系（HPCI）が起動し、それから14時間、稼動する。この14時間で低圧冷却系を確保し、圧力容器を減圧する計画であったが、13日2時42分にオペレーターは安全弁を開く作業の成功を待たずに、高圧注水系を勝手に手動で停止してしまった。その後、直流電源が完全に枯渇したので、頼みの安全弁を開けて減圧できないばかりか、隔離時冷却系を再稼動することもできず、炉心露出への道に迷い込んでしまった。先に安全弁を開けてから後で高圧注水系を止めても構わなかったのに。結果的にはクリティカルな場面で、判断ミスが生じたわけである。その後、やっとのことで13日9時36分に安全弁とベント弁を開けて、消防車による低圧注水に成功した。高圧注水系を止めてから、ほぼ7時間後に水が入ったわけであるが、シミュレーションによると、もはやそのときに炉心損傷が起きていたらしい。

　本来は、バックアップのエンジニアがいちいち作業を指示すべきであった。しかし、免振重要棟から中央制御室への連絡手段も2回線しかなかったそうであるから、指示も難しかっただろう。そのうえ、今まで、そのような判断・指示・復命・報告という軍隊のような非常時訓練が、まったくなされていなかったのではないだろうか。だからこそ、東電は「この判断ミスも予見不可能の想定外として片付けないと、業務上過失ミスとして訴えられる」と危惧しているのかもしれない。政府事故調では、この判断ミスを非難している。テレビ会議の録画映像を見てわかったことだが、13日未明3：00頃に本社が現場に「3号機のHPCIは自然に止まったのか」と問うたとき、確かに現場は「そうだ」と返事している。情報が錯綜したのか意図的に変えたのかはわからないが、ウソは好ましくない。

　なお、2号機の隔離時冷却系は、14日13時頃までに、本当に自然停止したらしい。上述したように、そもそも直流電源が落ちていたのに、

3日間も稼動し続けた理由がよくわかっていない。自然停止した直接原因は、「その水源だった圧力抑制室の水温が上がってきたため」と言われている。水が熱くなると、圧力容器に入る途中で一部が沸騰して蒸気が生じ、ポンプが利かなくなったのだろう。2号機の隔離時冷却系の水源は、当初、復水貯蔵タンクであったが、12日の朝5時頃に圧力抑制室に切り換えられた。理由は、復水貯蔵タンクの水位が低下したためらしい。しかし、当時、復水貯蔵タンクの水位はいまだ容量の30%程度は残っており、このタイミングで水源を切り換える必要性は明らかになっていない。そもそも、圧力抑制室の水は、本来、熱交換器を備えた残留熱除去系（RHR）で冷却されるように設計されている。残留熱除去系が機能していなければ、圧力抑制室の水温が徐々に上昇することは、容易に予想できたはずである。頭では予想できたことだけど、身体が動かなかったというのが実情だろう。

3.3.4 ｜ 2号機の消防車の燃料切れはうっかりミスか

■消防車の燃料切れを注意していたのに、それでも起こしてしまった

3月14日の11時1分に3号機が水素爆発した頃、2号機の隔離時冷却系（RCIC）が停止し、17時17分に燃料棒の炉心露出が始まった。しかし、その炉心露出直後に「現場は原子炉減圧にやっと成功して、消防車による低圧注水を開始した」と報道された。ところが、18時22分に「燃料棒が全部、炉心露出した」と報道されて、それを見ていた筆者もおかしいなと思っていたら、19時20分に「海水注入のための消防車が燃料切れで止まっていたことを確認した」と報道された。燃料棒が露出するか否かのクリティカルな場面で、燃料切れという凡ミスで頼みの綱の消防車が停止し、冷却が止まっていたのである。

そもそも、消防車の運行は東電の正社員ではなく、子会社の南明興産の社員が行っていた。だから、3号機の爆発後、危険だから東電の正社

3.3 | 単純な判断ミスも起きたが、これらも想定外だったか

員以外は撤退させたが、ついでに協力会社・子会社の社員もいなくなり、東電の経験不足の正社員は、ついつい消防車の燃料不足に気がつかなかったらしい。最後の頼みの綱も実は"他人任せ"だったのである。この事例を見たとき筆者は、2008年に起きた東大工学部のメタンガス漏出事件を思い出した。工学部にある狭い部屋に漏出したメタンガスの濃度は爆発下限界に達して、いつ爆発してもおかしくなくなったことがあった。そのようなクリティカルの場面なのに、その部屋に近接した正門に到着した消防車16台を、正門の警備会社の社員は「正門には自動車通行禁止の規則があるから、裏門に回れ」と指示した。幸い、消防車が裏門経由で10分間遅れて到着しても爆発しなかったからよかったものの、教員は「爆発回避は規則遵守に優先する」と言って警備会社に抗議した。結局は規則を作った大学執行部が謝ったのであるが、大事な部署を他人任せにする体制がおかしい。同様にして、燃料切れも想定外になってしまったのである。

テレビ会議では、吉田所長が何度も燃料補給のことを担当者に確認している。最後は担当者の「補給されているはずです」(13日朝9:00頃の回答)の"はず"に食いついて、「自分の目で確認しろ」と怒鳴っている。このときの「はずは止めよう、今日は"はず"で全部失敗してきた」という吉田所長の言葉は名言である。筆者も研究会で怠惰な学生を怒るときに、「はずは止めよう、君は"はず"で人生をしくじる」と、意味を極端に一般化して用いている。

3.3.5 | ブローアウトパネルの固定を強化して水素爆発を助長した

■ブローアウトパネルが外れていたら水素爆発は起きなかった

1・3・4号機は水素爆発したが、2号機はしなかった。その原因は、2号機の建屋にあるブローアウトパネルが、1号機の水素爆発時に外れて、そこから水素が流出したからである。少なくともパネルを固定する板片

第 3 章　福島第一原発の事故に"勝利の方程式"はあったのか

が圧力上昇で破断して、パネルが落ちてくれれば、排出経路が生まれて水素爆発が防げたことがわかる。保安院の報告書には、5m 角のパネルが外れたときの水素濃度をシミュレーションした結果が掲載されているが、確かに「パネルが外れると爆発下限界 4％に濃度が達しない」と報告している。

　ブローアウトパネルは読んで字のごとく、配管が破裂して冷却水喪失事故(LOCA、Loss Of Coolant Accident)が起きたときに、ガス抜きして減圧するためのパネルであり、建屋だけでなく配管が破裂しそうなところのアチコチに設置されている。今回は、保安院のシミュレーションによると、建屋の最上階は水素の mol 分圧が 30％に達したので、爆発前でも 2 号機のブローアウトパネルのように外れる可能性もあった。設計では 0.035 気圧の建屋内圧上昇で外れるらしい。そうならば水素が 3.5％になったら、爆発下限界に達する前に外れてもよさそうである。

　東電は、柏崎刈羽原発のブローアウトパネルが 2007 年の中越沖地震で外れ、「閉じ込める」が達成できなかったことを批判され続けた。「政府事故調の中間報告」(214 ページ)によると、福島第一原発では「固定金具を容易に落下しないように設計変更した」と東電のエンジニアが答えたらしい。その設計変更は溶接による固定であり、ビートを見たというエンジニアもいるから、これも"都市伝説"になりそうである。しかし、政府事故調の淵上さんが東電の人間に再確認したら、「その改造はまだやっていなかった」と答えたそうである。もしそうならば建屋内圧上昇でも外れるべきであった。残存している 2 号機のパネルを現場検証したいものである。水素爆発で飛散した放射能はわずかであるが、3 回の爆発で配線配管の作業が大幅に遅れたのは事実である。仮に改造をしていれば、それこそ「羹に懲りて膾を吹く」の喩えにソックリである。これも東電に言わせれば、「想定外」であった。

3.4 つまり、福島第一原発事故のどこまでが想定外か

(1) 福島第一原発の想定外と想定内の閾値は結局、どこだったのか

　国会事故調は、「福島第一原発事故は想定外でなく、人災である」と断言している。さらに、政府や東電が想定すべきだったこととして、地震や津波の耐久性、事故対策の判断手法、住民への情報提供、などを挙げている。筆者はある新聞記者に、「国民が事故調から知りたいことは人災か天災か、それだけです！」と言われたことがあるが、その点では待ちに待った結論である。天災でも人災でも後処理に数兆円の税金が投入されることは同じであるが、人災だと歴代社長・委員長10人の財産没収が加わるのかもしれない。世界ではこのような意趣返しは日常茶飯事であり、某国では政権が変わるたびに発生している。

　国会事故調は何としても政府や東電の責任を明らかにして結論を導こうとしていたが、これは筆者のエンジニア的な視点とまったく異なっていた。特に技術的なところへの気持ちのかけ方が違っている。報告書では、「全電源喪失を防ぐ手段がなかったことが問題で、その後の炉心溶融は不可避だった」という、サラッとした見方を示している。一方で筆者は、「全電源喪失は地震・津波以外にも起きるかもしれないので、その後の炉心溶融を防ぐ手段がなかったことが問題であり、炉心溶融は回避できる」と考えた。大規模災害を単なる運命だと諦めてはいけないのである。アメリカの原子力規制委員会も同様に福島第一原発事故を分析し、上述の「B.5.b.（テロ対策のドキュメントの文書番号）を守っていれば事故を防げたのではないか」と事故後、保安院との会合で詰め寄ったらしい。筆者もそう思う。津波は想定外だが、その対策は想定内であった。

　B.5.bには、たとえば、「バルブは手動で開閉できるようにする」「別個の可搬ポンプを用意する」「水位や圧力を別のメカニズムで測るセン

第 3 章　福島第一原発の事故に"勝利の方程式"はあったのか

サを用意する」「燃料プールに重力で水を補給する」というような対策が載っている。すべてが今回の事故に有用な情報である。しかし、そもそも B.5.b. を原子力規制委員会がホームページに公開したのは事故後のことであった。テロ集団に手の内を明かしたくなかったのであろう。これには、「いかなる設計をしようとも、必ず、Beyond Design Basis（設計基準を超えた事象）に対応せよ」と書いてある。「あれがだめならこれ、これがだめならそれ」というように何重にも対策を考えておいて、非常時においても最悪の事態が起きないように、準備と訓練を行っておくことが原子力発電所における「深層防護」の本来の考え方であったはずである。

常用電源が喪失しても安全が維持できる例を図 3.6 で説明しよう。

(a)はすべての弁を手動で開けられるようにする方法である。たとえば、図 3.3 の逃がし安全弁も格納容器に穴を開けて、長い柄で外から手動で回せるようにすべきである。(b)は高台に準備した電源車と非常用配電盤である。配線も水没しないように高所を通すべきである。浜岡原発は配

(a) 手を使って
　　バルブを開く

(b) 高所から電源を
　　引っ張ってくる

(c) 高所の池から
　　重力で水を落とす

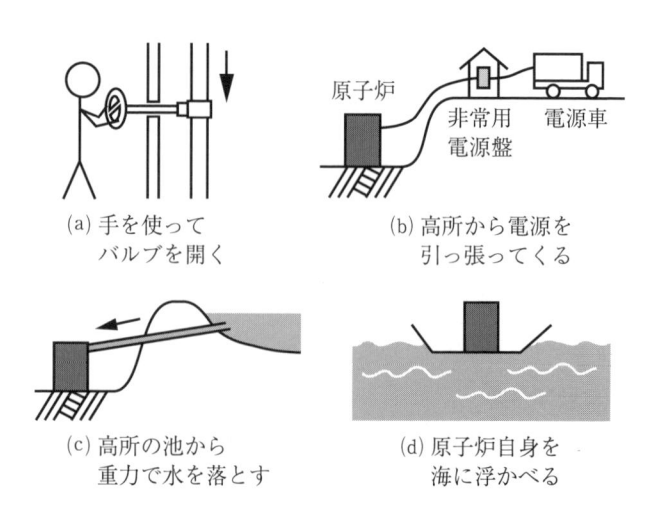

(d) 原子炉自身を
　　海に浮かべる

図 3.6　常用の電源を使わずにメカニカルに安全を維持できる方法

3.4 | つまり、福島第一原発事故のどこまでが想定外か

線を地下に通していたが、不等沈下によって配線が"ギロチン"にされないのだろうか。福島第一の事故では、電源車を準備したのに、配電盤との接続板(高圧電源にはコンセントがないから、羽子板と呼ばれる銅板をねじ止めする)がないので通電できなかった。羽子板からケーブルまで備品付の1セットを用意する必要がある。(c)は高所に作った池であり、そこから重力で冷却水を流し、圧力容器に注水する。東芝・ウェスティングハウスの最新機 AH1000 は加圧水型原子炉であるが、格納容器を冷却するのに、その上部に設置したプールの水を重力で流すように設計されている。(d)は原発を海に浮かべる方法である。原子力空母もニミッツ級になると 50 万 kW の発電ができるそうである。これは福島第一の1号機の 46 万 kW と同程度である。海に浮かべておけば津波に強いし、非常時は冠水させればよい。

　筆者は 2013 年 5 月 28 日に常磐共同火力の勿来(なこそ)発電所を見学した。火力発電所では地震が起きたら、自動的に主燃料弁が閉じてボイラーの温度は急激に 500℃ も低下する。さらに停電しなければ、空気をブロワーで流入し続けてボイラーを冷やし、停電しても高さ 200m の煙突の自然対流効果で冷たい空気が下部から自然に流入されてボイラーを冷やす。津波が襲ったときの映像を見たが、たまたま安全弁が開いて 280 気圧の蒸気が大気に噴出された。まるで大砲である。火力は原発と違って崩壊熱がないから、こんなにも冷却が楽になる。前述の AH1000 は格納容器が煙突の中に入っているような構造をしており、自然対流効果を活用している。

　このような案を荒唐無稽(デタラメ)と笑うのでなく、一度は検討すべきである。上述したように、「つい、うっかり」の失敗は体験できるから、"亀の甲より年の功"の経験主義で失敗が防げるが、「まさか」の失敗は体験できないので、頭で想定し続けないとならない。

(2) 福島第一原発ではバルブを絶対に開けたい場面で開けられなかった

筆者は 2013 年 4 月に三菱化学の鹿島事業所を見学した。2007 年 12 月 21 日、この事業所のエチレンプラントで火災が起きて、協力会社の従業員が 4 名亡くなったことがある。この事故を忘れないように従業員を教育している現場を見学したのだった。

この事故は**図 3.7** に示したように、バルブを絶対に閉めておきたい場面で閉められなかった失敗が原因で起きた。福島第一原発の事故はその逆で、バルブを絶対に開けたい場面で開けられなかった失敗が原因で起きた事故である。バルブで操作する対象は両方とも空気作動弁(AOV、Air Operated Valve)で、いずれも管路の直径は約 60cm と大径であった。鹿島事業所の空気作動弁はいわゆる玉形弁で、弁座が上下動して流

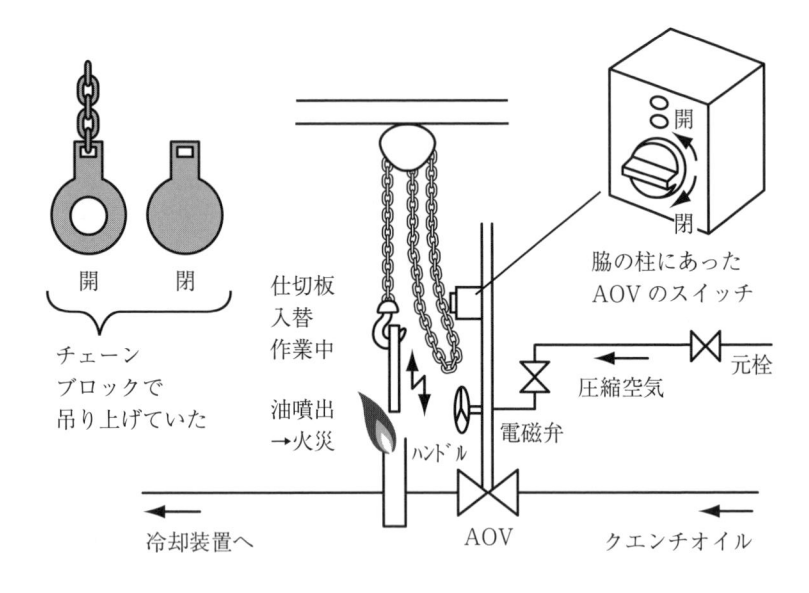

チェーンがスイッチに当たって AOV(Air Operated Valve)が開き、仕切板のフランジの隙間からクエンチオイルが漏れて、何かによって引火した

図 3.7　三菱化学工場の予期せぬバルブ開による火災

3.4 | つまり、福島第一原発事故のどこまでが想定外か

路を閉じる。空気に関係なく手動ハンドルで弁座を動かせるが、いかにもバルブが固く操作には大変な労力が必要そうである。

　事故当日、鹿島事業所の第二エチレンプラントでは、管の流路についた炭素分を燃焼するデコーキングと呼ぶメンテナンス作業を終えて、復帰作業に入っていた。デコーキング中は、クエンチオイル（急冷油。定常作業中にこの油を噴霧し、分解炉で発生した高温ガスと接触させると、効率的に急冷できる）が不要なので、仕切り板でその供給経路を遮断していた。もちろん、バルブを閉めただけでもよいのだが、バルブを閉めてもポタポタとオイルが内通するかもしれないので、念には念を入れて仕切り板で遮断していた。仕切り板は、福島第一原発のベント経路のラプチャーディスクと、機能は同じである。

　復帰作業では、この穴のない閉用の仕切り板から、穴の開いた開用の仕切り板に入れ換える作業を実施していた。仕切り板が重いので、作業員はチェーンブロックで持ち上げて上下動させていたが、その輪になったチェーンを勢いよくカラカラと回すとチェーンがユラユラと揺れ、無意識のうちにチェーンが空気作動弁のスイッチに当たって、スイッチを空気弁の開く方向に回してしまった（事故後に同型機で再現実験したところ、何回かに1回は再現したそうである）。すると、空気弁が開き、高温の油が流れてきた。仕切り板を挿入する前だったので、仕切り板が挟み込まれるはずの隙間から油が噴出した。そして、何かによって油が発火し、弁の前にいて逃げ遅れた作業員2名と、階下で別作業に従事していて何が起きたかわからずに逃げ遅れた作業員2名が亡くなった。

　この作業では、正社員1名が協力会社の作業員4名を指示していたが、正社員は、圧縮空気経路の元弁を閉めず、また空気作動弁が万が一にも開かないようにチェーンでグルグル巻きすることを怠っていた。鹿島事業所でも、別のプラントでは元弁を閉めてチェーンで巻くことが常識になっており、メンテナンス担当の正社員に対する工事安全作業書のなか

でもマニュアル化されていた。しかし、どういうわけか、このプラントでは、運転担当の正社員向けのデコーキング作業確認リストにはこれらの作業が抜けていた。協力会社の作業員には「スイッチとバルブに触らせない」というルールがこの事業所にあったため、事故はこの正社員の過失とされた。

　正社員も空気作業弁が開いたときのリスクは認識していたのであるが、身体が頭についていかなかった。この事業所ではエチレンプラントの分解炉は第一と第二で16基もあったが、事故を起こした炉は最新のもので、従来機とは違うメーカーの製品だった。この事故は従来機のように、スイッチにカバーが付いていれば起きなかったし、また、スイッチが仕切り板から離れたところに設置されていなければ起きなかった。これまでは、この"地雷"を見過ごしていても、単に結果オーライで無事故だっただけなのである。

　この二つの事故はいずれも"たかが"バルブの開閉が発端となった。バルブが絶対に閉まって欲しい場面で開いてしまったのが鹿島事業所の事故であり、絶対に開いて欲しい場面で閉まってしまったのが福島第一原発の事故である。いずれの事故も事前に対策しようとすれば簡単にでき、別の部署では実行されているようなよく知られた対策案が必要とされていた。鹿島事業所では、チェーンブロックが揺れてスイッチに当たることは想定外であったにせよ、バルブの閉状態が継続するような事態への対策は事前の想定内にあった。もう一方の、福島第一原発では、津波で電源喪失になるのは想定外であったにせよ、それでもバルブの開状態を継続させるための対策は事前の想定内にあった。

　鹿島事業所では、真っ黒焦げになった事故のバルブを展示し、作業員に事故を忘れさせない教育を繰り返しているそうである。また、別の機会で筆者が訪れた韓国テグ市の安全博物館では、2003年の地下鉄火災にあった事故車そのものを、駅を模した線路上に置いて展示していた。

3.4 | つまり、福島第一原発事故のどこまでが想定外か

真っ黒焦げの車体を見ていると、死亡した196名の顔が見えるようでショックだった。このショックの後に、模擬車両に乗車すると、煙が噴出してライトが消える。しかし、落ち着いて、椅子の下の緊急安全コックを回して、車両のドアを手で開けて逃げる、という避難作業を実施させる。「ここでは小学生でも避難作業が身につく」と学芸員が筆者に豪語していたのだが、確かにそのとおりであろう。ガチンコの避難訓練に優るものはないのだから。

(3) 本章を書いた経緯を述べるが、何とも空しい

2013年2月に日本の原子力規制委員会から、原発設計の新安全基準案が示された。まだ、案であるが、防護壁や水密ドアのような高価な設計基準ばかりに注目しており、本章で述べたような「バッテリーやコンプレッサーを現場に常備しよう」というような安価な運用基準は何も書かれていなかった。何とも空しく、本書で"犬の遠吠え"しているような感じである。そのような運用基準は安いから電力会社が勝手にやればよい、という意味なのだろうか。

本章は、日本機械学会の東日本大震災分析委員会の、そのまた下の危機管理ワーキンググループの報告書の、そのまた一部で筆者が書いた文章を、本書の論旨に合うように書き直したものである。ふつうのエンジニアが書いた私家版・自己流の事故調査書は、誰にも注目されない。そう思うと人生が空しくなったのでリメイクした。しかし、決して都合のよいデータを推測して情緒的に書いたわけではない。表3.1に記した報告書を全部読んで、電力会社や電機会社のエンジニアや、原子力工学の教授の説明を聞いて、実際に原子力発電所や火力発電所を見学して、事実をもとに工学的な視点から書いたつもりである。

結論として、今回の事故は、文系の人にとっては"すべてが想定外の事故"に見えるだろうが、原子力発電所のエンジニアにとっては"想定

第 3 章　福島第一原発の事故に"勝利の方程式"はあったのか

できないこともない事故"だったのである。NHK の特集番組で班目委員長が「戻れるならば、事故の日に戻りたい」とおっしゃっていたが、最初から原発で働く全員が"勝利の方程式"を心に描いて数時間前から準備していれば、もっと損害を軽減できたのである。少なくともエンジン付きベビコンと自動車用バッテリーがあれば、2 号機と 3 号機は冷温停止できたであろう。「まさか」の事故だからといって、ウヤムヤにしてはいけない。

第4章

"複雑設計"による
「まさか」の失敗が世の中に蔓延する

第4章 "複雑設計"による「まさか」の失敗が世の中に蔓延する

4.1 複雑設計は人事を超える

　本書では、"複雑設計"を「要求機能が多数で、かつ互いに干渉する設計」と定義する。だから、多数の顧客が自分勝手な要求を主張している巨大システムでも、1人の顧客を満足する仕事が別の顧客の仕事と干渉せずに行うことができれば、複雑設計ではない。たとえば、自分の好みのメガネが購入できるビジネスをシステム設計するとき、顧客の注文品が繁忙期でもその日のうちに納入できれば複雑設計ではない。しかし、人気のメガネの数に限りがあったり、工場でレンズを加工する機械が壊れたり、人気俳優のメガネと同じものをファンが求めたりすると、優先順位が出てきて次の顧客の注文に影響が出てくる。こうなると複雑設計になり、途端に納期設定が難しくなり、失敗が起こりやすくなる。

　鉄道や航空は巨大システムであり、複雑設計が求められるといわれる。しかし、JR東海の東海道新幹線は、のぞみ・ひかり・こだまと全く同じ編成で運行しており、行き先も一本道だから、1日に本数が300本以上、乗客が30万人近くあったとしても、思ったよりも運行スケジュールは単純である。こうなると、沿線で大火事が起きても、団体客を乗せた接続列車が遅れても、ダイヤの回復作業は容易である。ところが、JR東日本の東北・秋田・山形・上越・長野新幹線になると、一気に複雑になる。車両が異なるし、編成もバラバラ。福島や盛岡で2つの編成を連結するし、それに大宮・東京間にすべての新幹線が集中する。だからダイヤが乱れるとどれを優先して東京に到着させるべきか、指令員が解決すべき問題が複雑になるのである。

　複雑設計は人智を超えるようになる。連立方程式が暗算できないように、複雑設計は容易に判断できないのである。上記の新幹線のうち、どちらが人間の制御しやすいシステムであろうか。もちろん、定性的に東海道のほうである。実は定量的にも平均遅延時間を用いて言いたかった

が、JR 東海は毎年発表しているのに、JR 東日本はしていないため、できなかった。数年前のデータでは東北新幹線と東海道新幹線で大きな差がなかったが、東北新幹線以外の新幹線まで含めたデータがない。残念。

4.2 コンピュータが複雑設計を引き起こす

(1) **いまや機械には必ず"脳"としてコンピュータが搭載されている**

コンピュータというと、ふつうの人はパソコンやインターネットを思い浮かべる。しかし、いまや、ほとんどの新製品の機械の裏には、コンピュータによる制御装置が付くようになった。家の中のものを見回してみても、自動車から洗濯機、冷蔵庫、テレビ、お風呂、エアコンまでCPU（Central Proccessing Unit。中央処理装置だが、実際はマイコンチップ）が装備されている。逆に入っていない従来型の機械を探すほうが難しくなった。筆者の家でも、コンピュータの入っていない新品は自転車だけである。

2008 年にインド製のタタ社からナノという自動車が、当時のレートで 28 万円と廉価で発売されたので、筆者は急きょ輸入されたナノを見に行った。どうせ 30 年前に筆者が始めて買ったカローラと大差ないのだろうと高を括っていたら、何とコンピュータを搭載しており、各種センサーでエンジンの燃焼を制御していた。今や、コンピュータのない機械は、"脳なし人間"と同じである。Google 社が開発している自動車の自動運転は、グーグルマップと交信しながら最適ルートで動かすそうである。クラウドコンピュータのように、神経さえつながっていれば脳付き機械になりえる。

しかし、困ったことにコンピュータのなかを通る情報の流れは見えない。自動車は、ぶつけてボディが凹むなり傷つくなりすれば、誰でも修理の方法はわかる。しかし、今の機械は、エンジン故障のランプがつく

第4章 "複雑設計"による「まさか」の失敗が世の中に蔓延する

と運転者はなす術もない。修理工場にもって行くことになるが、修理工場のテクニシャンでも自動診断装置をもってこないと、どこが悪いのか見当もつかない。コンピュータの警報はコンピュータでしか対処できないのである。

　また、ソフトウェアは全体像が見えにくい。たとえば、税金納入システムで、入力は全角だけ許し半角は許さないとたった1行を改修しただけで、それが全部の行に影響してしまう。人間は周回への影響度が予想できないのである。ふつう、ソフトウェアには、"陰陽"の2つのプログラムがある。「こうして欲しい」という顧客の要求機能に応えてエンジニアが書いたのが、"陽"のプログラムである。一方、「間違えてもこうならないようにしておこう」と、エンジニアが顧客に気遣いしてわざわざ書いたのが、"陰"のプログラムである。しかし、その陽と陰の比は1：2程度といわれ、隠し技の"陰"のプログラムのほうが長いのである。たとえば、「実行したい場合はYを押してください」と"陽"に表示しても、顧客は間違ってYではなく、隣のTを押すかもしれない。そのときは懇切丁寧に「もう一度やり直してください」と"陰"に表示しないとプログラムは固まってしまう。

　このように、機械が何かの信号を求めるとき、それ以外の信号まで監視するような、インターロック（ある一定の条件が整わないと次の動作ができなくなる機構）付きのプログラムが必要不可欠になる。ふつうの機械には、そのようなインターロックが山のようについている。だから、一度固まるとそのインターロックに係わった信号を一つひとつチェックしなければ、緊急停止をリセットすることもできなくなる。こうして、"お祭り（釣り糸が隣の釣り人のものと絡み合うこと）"した釣り糸のように、隣のパラメータと絡み合って非常に複雑になる。**第3章**の非常用復水器の"Fail Close"が良い例である。関係者全員がインターロックに気がつかなかったのだから。

4.2 コンピュータが複雑設計を引き起こす

このようなコンピュータによる複雑設計が「まさか」の失敗を助長しているのである。

(2) コンピュータを使うと、複雑設計になってしまう

複雑設計でない巨大システム、つまり、要求機能が多くても、干渉がなく、機構が単純なシステムも、世の中にたくさん存在する。

たとえば、巨大なホテルの予約システムを設計すると仮定しよう。図4.1に示すように、顧客が予約したい日時と予算と人数と連絡先を聞いて、それに合った部屋があるか否かを確認して空室だったら予約台帳に書き込み、満室だったら断る。キャンセルならば、予約台帳を空きにすればよい。ホテルが10室でも1000室でも、顧客が1人でも1万人でも、ソフトウェアは同じことを繰り返せばよい。要求機能が多くても単純動作の繰返しだから、メモリ領域が大きく、情報接続線のバスが太ければ

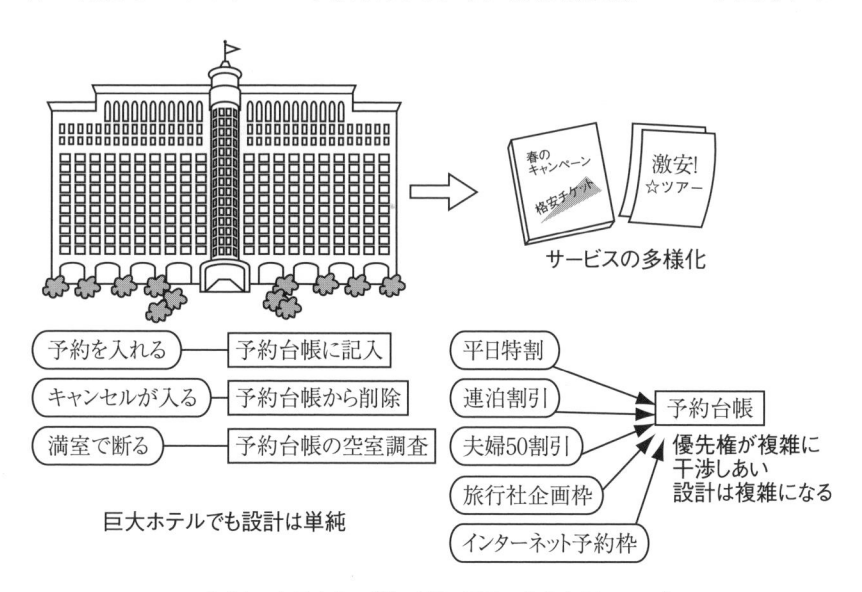

出典）中尾政之、『続・失敗百選』、森北出版、2010年

図4.1　ホテルの予約システムは複雑設計か？

第4章 "複雑設計"による「まさか」の失敗が世の中に蔓延する

問題ない。ところが、現実にあるホテルのサービスは多種多様である。平日特割、連泊割引、夫婦50割引、女性割引、それと旅行社によるツアー予約や、インターネット予約の枠も用意しないとならない。確かに、コンピュータを使えば、個別プラン実施は簡単であるが、設計者は、プランを増やすたびに、それぞれ行われる干渉に対する対処を決定しないとならない。そうしないと、「女性が平日の連泊をインターネット予約したらどれだけの割引になるのか」といった類のことがコンピュータに決められなくなる。このように21世紀になると、サービスの多様化が複雑設計を後押ししているのである。

　このような複雑なシステムは、身の回りのものを探せばすぐに出てくる。映画や列車、飛行機の座席予約もそうである。映画の予約なら、たとえば筆者の家のそばの東宝シネマだと顧客が座席を決められるけれど、列車や飛行機は窓際か通路側しか決められない。筆者は、航空運賃は遊覧飛行代も含まれると思っているから、希望どおりに窓際が買えても翼の上だと腹が立つ。しかし、客の要求を無限に聞けば、売上は増えるけれど、システムも複雑になって設計費が高くつく。経営者は利益が最大になる"着地点"を求めなくてはならない。数年前に芝居や音楽会の座席自動予約システムを作ったエンジニアの話を聞いたが、そこではカップルが並べるように全席完売することが理想であるそうだ。逆に言えば、1人の席が虫食いのように空くのが最悪の売り方になる。だから、座席の列が奇数なのか偶数なのかを確認しながら、詰めて売っていくようにプログラムを組まないとならない。そこに図々しい顧客が、最前列にして欲しい、または二階席の真ん中、列の中央、前に通路がある列、等々にして欲しい、と要求するようになると、次第に複雑さは増して、設計費も増していき赤字になる……。

　今、筆者はニコリというパズルメーカーの「カックロ」というのにハマっている。クロスワードパズルのような縦横行列に、それぞれ合計を

満足するように、しかも同じ加算指定の中に同じ数字をいれないように、マスを埋めていく。3マスで足して7ならば1、2、4のどれかが入るが、8だと1、2、5か1、3、4となり、10だと1、2、7か1、3、6か1、4、5か2、3、5と候補が増えてくるので、問題が複雑になる。ちょうど、座席予約システムと同じである。複雑すぎると人間の頭では設計解が求められなくなるので、ちょうど良いような複雑さを与えるのがパズル出題者の腕の見せ所になる。

(3) コンピュータシステムが、ゆっくりとシステムダウンする

　コンピュータのシステムダウンは恐ろしい。すい臓がんのように、気づかぬうちにゆっくり悪くなるからである。

　もちろん、逆に、突然、バタッと心筋梗塞のように動かなくなることも多い。それが、電力系のトラブルではよく起きる。しかし、今はハードウェアのバックアップシステムが完備しているので、電源が落ちてもシステムは継続し、顧客は気づかない。そうではなく、数時間かけてジンワリと回りから固まっていき、気がつくころには全滅してウンともスンともいわなくなるようなシステムダウンが恐ろしい。どこが悪いのか、容易に判断できないので、復旧に時間がかかってしまう。多くの場合、原因さえ掴めない。

　有名な事故例が、2004年1月26日に起きた、りそな銀行の統合ATMのシステム障害である。"有名"だという理由は、雑誌『日経コンピュータ』の記者がきちんと取材をして公表したからである。ソフトウェアの失敗は、労働災害や爆発事故と違って、誰も死なないから刑事事件にはならない。だから調査もまともに公表されないのがふつうである。もちろん企業は当事者に事故調査報告書を書かせているが、部外者は容易に入手できない。

　りそな銀行は、業績不振だった大和銀行とあさひ銀行が2003年3月

第 4 章 "複雑設計" による「まさか」の失敗が世の中に蔓延する

に合併して作られた。合併直後の5月、小泉元首相は約2兆円の公的資金をりそな銀行に注入し、新経営陣は勘定系のシステムを日本IBMからNTTデータに変えた。そのような忙しい状態で新しいシステムは合併の翌年2004年1月4日から運用されたが、同月末の26日に大規模システムダウンに至った。そもそも大和銀行とあさひ銀行のシステムも、全国の金融機関どうしのシステムも異なるから、互いに言語の異なる注文を翻訳して中継する"リレーコンピュータ"が必要になる。それが統合ATMである。

図4.2に示すように、事故のキッカケは、システム障害前日の夜、電源工事で瞬間停電した後、システムの再起動時に不備が生じたことであった。どのような不備なのか依然不明であるが、事実、翌朝から通信が遅くなるのである。通信した電文の通信経路は、通常、システムの空きを検索して電文のやりとりが終了するまで専有するのだが、このとき

出典）中尾政之、『続・失敗百選』、森北出版、2010年

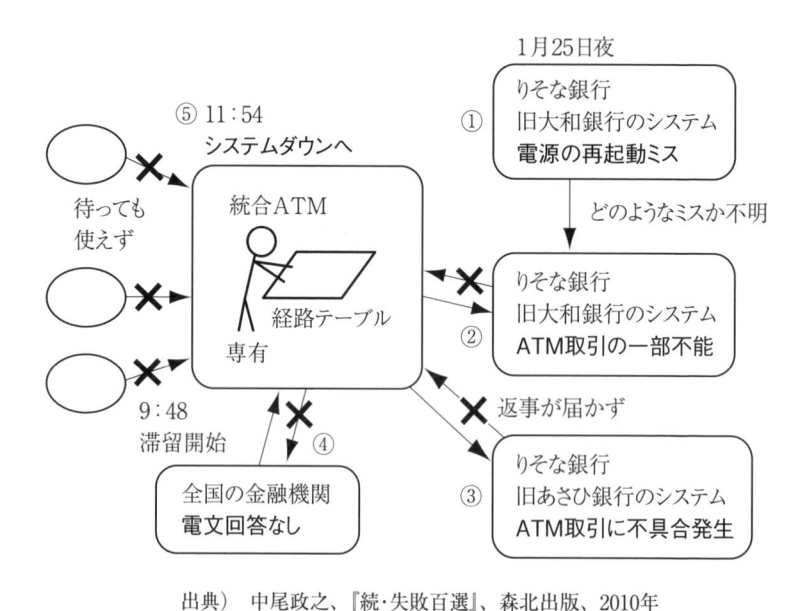

図4.2　総合ATMシステムがダウン（2004年）

4.2 コンピュータが複雑設計を引き起こす

は空きが少なくなると探すのに手間取って、その専有時間が異常に長くなった。その結果、次の電文、そのまた次の電文が待たされて、挙句の果てに時間切れで多くの電文がタイムアウトで吐き出され、ついに26日の昼頃にシステムダウンに陥った。この日は給料日であり、特に昼休みに利用客が通常の4倍に増えたため、一気に事態は悪化した。

　インターネットを使っていると、ときどき、コンピュータが"固まる"が、このときも「渋滞後にタイムアウトが起きた」と推定して大方、間違いない。こうなるとリセットするしか、オペレーターにはやりようがない。ところが、勘定系は電文そのものが"お札"だからタチが悪い。リセットして電文が消えたら、お金を燃やしたのと同じことになる。だから、電文をどこかに溜めておいて、復旧後に電文を手動で送るか、作動中のプログラムの渋滞原因を強制的に排除してやらねばならない。つまり、道路で事故が起きても、全面通行止めにできずに、一方通行にしても車を流さないとならないのである。

　バブル以後、大蔵省の護送船団方式が崩れてから、銀行や証券会社の合併が続いている。日本全部の銀行が似たようなソフトウェアを用いていたら合併も簡単だったが、2000年前までは地方銀行までも独自にカスタマイズされたプログラムを作らせていた。だから、合併後も協調して動く確率は100%とはいえなくなるのである。筆者の『失敗百選』（森北出版、2005年）という著書のなかでも、2002年4月の第一勧業、富士、日本興業の3行が合併した直後のみずほ銀行の勘定系トラブルを書いたし、『続・失敗百選』（森北出版、2010年）には東京三菱とUFJを合併した三菱東京UFJ銀行の開発費増大の失敗を書いた。後者はトラブルが生じなかったので成功ともいえる。しかし、みずほと同様にリレーコンピュータでつなぐまで800億円かかったうえに、みずほの失敗を受けて"他山の石"にしようとした結果、システム全体を東京三菱のシステムに"片寄せ"して唯一のシステムにすると決心したので、結局、2,500

億円も費用がかかったのである。過去のデータを新システムで動かすだけで、それほどの費用がかかるのである。

(4) ソフトウェアに"地雷"が埋まっている

　東京証券取引所は、2010年1月から富士通の"アローヘッド"を株式売買システムとして運用し始めた。このアローヘッドは高速性に優れ、一つの取引に要する時間が、1秒のオーダーからミリ秒のオーダーへと1/1000に短くなったそうである。開発中、東証も本気で要件定義に取り組んだが、筆者はある委員会で東証の責任者にその要求機能数を聞いたら、何と10,000件だった。要求ごとに富士通の提示した設計解が妥当かどうかチェックしたというのだから、大変である。しかし、要求機能どうしが干渉して副作用が生じるかどうかまではチェックできなかったそうである。干渉のチェックまでやると、1万×1万＝1億とおりも必要になるからどだい無理なのである。機械のハードウェアの要求機能数は、QFD（品質機能展開）の手法を使っても、たかだか300件がよいところではないだろうか。それ以上だと、人智を超える。

　ソフトウェアは使用初期に出たバグを見つけ終わると、ある程度、安定する。しかし、コンピュータのメモリの中を綺麗にしていないと、ある日突然、動かなくなる。いろいろと改修するからである。まるで、地雷を踏んで吹っ飛んだようでもある。また、健全な細胞によく似たガン細胞が繁殖してきたかのようでもある。自分のコンピュータを見てみるとよくわかる。あまりにたくさんのアプリが入っているので、このうちのどれかがそのうち、"地雷"となる可能性は十分にある。

　2005年11月1日に東証の取引システムがダウンした。その原因が"エイリアス"である。物理的に一つしかないプログラムを、別のプログラムとして用いるときに、その別のものをエイリアスと呼ぶ。パソコンのショートカットと同じである。本名と名前が違うが、別名をクリッ

4.2 コンピュータが複雑設計を引き起こす

クすれば本名の正本プログラムが走る。システムダウンは簡単なエイリアスの処理忘れで起きた。

図4.3に示すように、2005年10月9日に富士通が正本プログラムを修正用ライブラリでバグ訂正し、13日に東証(実際はその子会社の東証コンピュータシステム)が本番用ライブラリに本名を変えて移した。しかし、エイリアスは訂正後の本名プログラムにジャンプするように変更

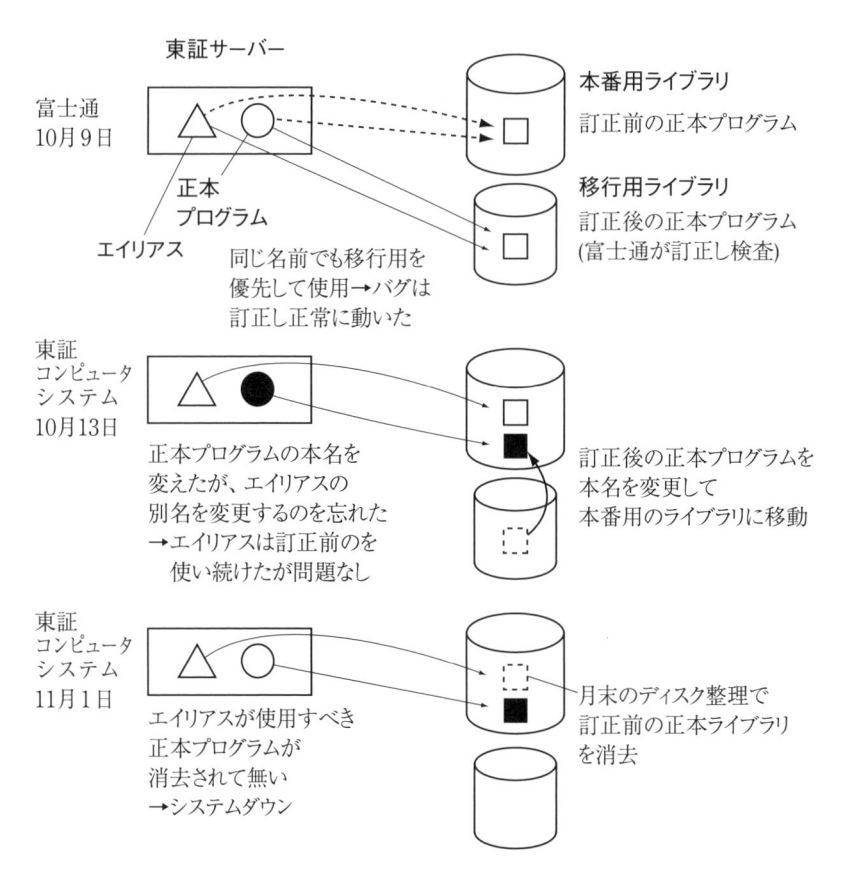

富士通 10月9日
東証サーバー
正本プログラム
エイリアス
同じ名前でも移行用を優先して使用→バグは訂正し正常に動いた

本番用ライブラリ
訂正前の正本プログラム

移行用ライブラリ
訂正後の正本プログラム
(富士通が訂正し検査)

東証コンピュータシステム 10月13日
正本プログラムの本名を変えたが、エイリアスの別名を変更するのを忘れた
→エイリアスは訂正前のを使い続けたが問題なし

訂正後の正本プログラムを本名を変更して本番用のライブラリに移動

東証コンピュータシステム 11月1日
エイリアスが使用すべき正本プログラムが消去されて無い
→システムダウン

月末のディスク整理で訂正前の正本ライブラリを消去

出典) 中尾政之、『続・失敗百選』、森北出版、2010年

図4.3 東証が4時間半、システムダウン(2005年)

されずに、これまでどおり、訂正前の正本プログラムにジャンプしていた。このバグは注文増加時に爆発しそうな"地雷"に相当した。ところが10月31日に月末のディスク整理で、東証はバグ訂正前の正本プログラムを消してしまったのである。そうすると、11月1日からはエイリアスに対応する正本プログラムがなくなったことになるので、そこでプログラムは止まってシステムダウンになった。地雷が爆発する前に、地雷処理工程で生じた穴に落ちたような事故である。

これは使用アプリをバージョンアップしたときに、誰でもよく起こす失敗である。よく使うエイリアスはジャンプ先を変えるが、滅多に使わないものは忘れてしまう。これを防ぐには、正本プログラムのほうに、どのエイリアスが紐付きでぶら下っているのかを書いておけばよい。しかし、歴史的に、日本IBMがエイリアスを作った頃から、その逆引きはできないように設計されている。だからプロでもたまに失敗する。

4.3 化学反応や細菌増殖は、ときとして暴走して手に負えなくなる

(1) コンピュータでも全部をシミュレーションできない

現代流通しているシミュレーションソフトは結構、現実と合っている。これが合わないのは、エンジニアに未知の制約条件が設定できないからである。シミュレーションが悪いのでなく、未知の条件を絞り込めない人間が未熟なのである。

といいながらも、人間が絞り込めない条件は、世の中に結構多く存在する。もし、そういった条件がなければ、誰でも計算できるようになるので、エンジニアは失職する。工学部の教授としては、わからないことが存在したほうがクビにならなくてよい。その現実を学生に体験させるために、筆者ら教員も教育方法に工夫を凝らしている。

たとえば、筆者の所属する機械工学科では学部3年生用に、設計して

4.3 化学反応や細菌増殖は、ときとして暴走して手に負えなくなる

シミュレーションしてから、実際に作って機能を確かめる演習を 10 年前から課している。一つは"ユレーヌ"選手権と呼ばれる。図 4.4(a) に示すように、「揺れない部材を設計しよう」という演習である。ここでは、ある周波数帯域で周波数ごとに先端の振幅を測り、それを積分した値が最も小さい学生を優勝者とする。厚さ 2mm のジュラルミンの薄板

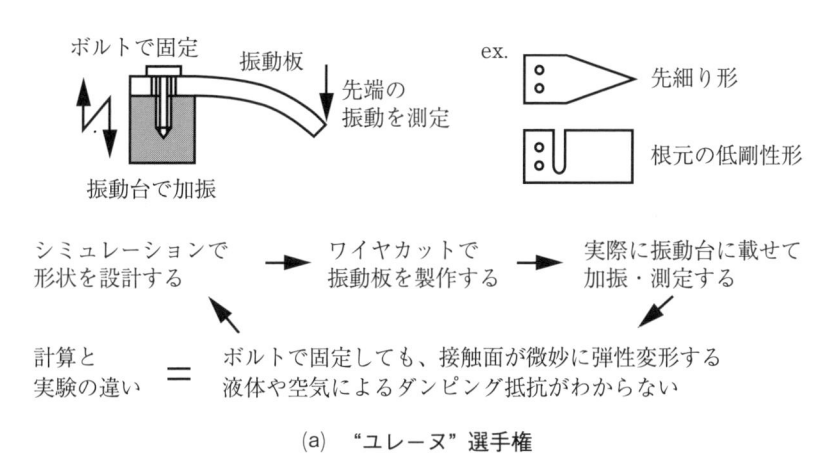

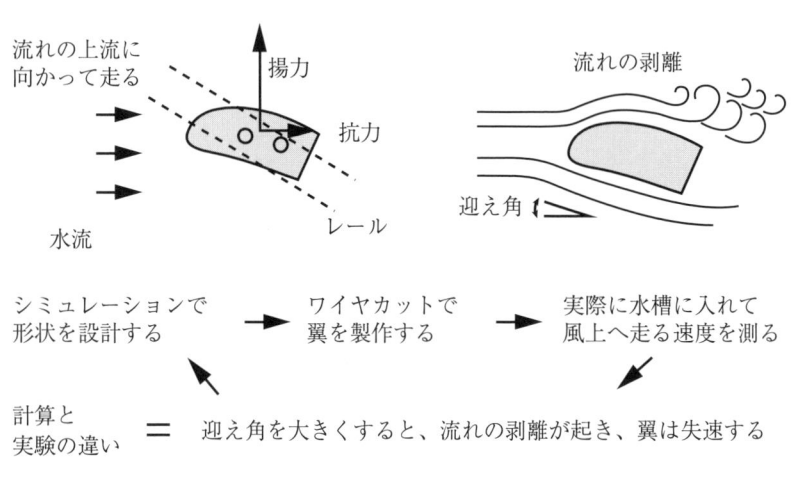

(a) "ユレーヌ"選手権

(b) "ヨット"レース

図 4.4 シミュレーションがいつも正しいとは限らないことを体験させる演習

を使って、揺れない形状をコンピュータでシミュレーションしながら設計し、次にそれをワイヤカット(放電加工)で製作する。そして、片端をボルトで振動台に固定して全体を揺らし、片持ちの梁のもう片端の振動を測る。その薄板に作りこむ形状であるが、戦略として、「共振周波数を帯域より高くする(先細りにする)」「共振周波数を帯域より低くする(根元の剛性を小さくする)」「振動モードをうまく設定して測定点を揺らさない(測定点を揺れない"節"にする)」「ダンピングさせて振幅を小さくする(スリットに液体を含浸させる)」などがあるが、学生それぞれが戦略を決めて設計する。ところが実際の共振周波数も振幅も、測定値は計算値と数%と異なるのである。なぜならば、ボルトで締めて全面接触させたはずの固定面が微妙に弾性変形するからであり、ときにはボルトを締めすぎると別の場所が浮く。また、液体や空気によるダンピング抵抗がわからないうえに、そのダンパーの等価質量もわからない。学生は「コンピュータに騙された」と憤る。

　もう一つの演習は、"ヨットレース"とよばれる、流れの上流に向かって走る翼を設計するものである(図4.4(b))。2012年度から始めた取組みであるが、最初のトライアルでは7勝9敗であった。敗けたときの一例を挙げると水の流れが翼の表面から剥離して揚力を失い、上流に向かって進むところか下流に流されてしまう状態である。1994年4月26日に中華航空のエアバスA300が、名古屋空港で墜落し、264名が死亡した事故が起きた。副操縦士が手動操縦モードで昇降舵で機首下げを続けていたが、実は自動着陸モードを無意識にオンしていたので水平安定板は逆に機首上げを続けていたのである。操縦士が着陸やり直しを決心して操縦桿を引いて機首上げを行った途端に、手動と自動が同様に機首上げになったので飛行機の機首角は10度から53度に急変し、失速して墜落した。このように失速したら、揚力がストンと落ちるのである。

　さて、このように揚力を失う結果になるのは、「迎い角をできるだけ

4.3 | 化学反応や細菌増殖は、ときとして暴走して手に負えなくなる

大きくして揚力を稼ごう」とした戦略が裏目に出たからである。計算では剥離の生成条件が微妙すぎて計算できないのに、実物はときどき、剥離が起きて、たちまち失速する。失速したときも、迎い角を小さくしてやり直すと、ゆっくり上流へ進むようになる。設計を難しくするため厚くてズングリした翼になるように大きな円周長と断面積を制約条件として課したが、彼らが計算した最適形状はちょうどトヨタ製の"プリウス"の側面に似ていた。誰がやっても計算ではそうなるのだろう。しかし、剥離は計算できなかった。

このヨットレースに負けた学生は、「計算にだまされた」「ANSYS(シミュレーションのメーカー)は詐欺だ」と教員に文句を言うが、それが現実である。もっとも、さらに微細に計算すれば剥離も予想できるようになるのであるが、使用するソフトウェアがどの程度の制約条件を課しているのかを知るのも、マア、勉強である。

このように、計算の世界でも正しい結果が容易に得られず、実物の世界で事故がなくならない分野が、化学反応と細菌繁殖である。大学でも、事故に至らなくても、「実験で死ぬかと思った」程度の失敗談は枚挙にいとまがない。要は、どのパラメータが干渉して影響を及ぼすのか、誰にもわからないのである。

(2) **福島第一原発事故と同じように、停電が暴走の起点となる**

「事故が起きることを考えてもいなかった」という想定外の事故の起点はいろいろと考えられるが、最も頻繁に起きるのが"停電"である。動力系と制御系の両方のエネルギー源が絶たれると、どうしようもなくなる。第3章では、動力系の交流電源が絶たれても、制御系の直流電源が生きていたら、福島第一原発ももう少し善処できたはずということを述べた。そもそもエンジニアならば、電源が絶たれたら、少なくとも安定的な状態まで戻るのに必要なシナリオを考えておくべきである。もう、

第4章 "複雑設計"による「まさか」の失敗が世の中に蔓延する

「停電が想定外」とは言えないような雰囲気が、日本中に漂っているのではないだろうか。

福島第一原発の事故後、計画停電によって、「上水道が止まる」「電車は止まる」「信号機も止まる」で世間は大混乱になった。そもそも信号機が停電になったときは、交差点ではフォー・ウェイ・ストップ（4方向の一時停止）になる。つまり交差点で止まったら、まず先着順に渡り、次に同時に渡ろうとするならば左側通行の日本では左側の車が優先的に渡る、というのがルールだろう。昔、教習所でも教わったような気もするが、もちろん若者は知らないから衝突が生じる。

この事例と類似した事例がある。工場の片隅の一つの装置が停電で止まり、そこで滞留した半製品がトンデモナイ事故を引き起こした例である。それを以下、『失敗百選』から紹介しよう。

大阪府堺市のダイセル化学の工場の有名な事故である。1982年8月19日23時52分、図4.5に示すように、AS樹脂（アクリロニトリルとスチレンの共重合樹脂、基質（モノマー）を多数結合した重合体（ポリマー）を作る化学反応を重合と呼ぶ）の重合槽の撹拌機（かくはん）が回転不良の後、電磁開閉器（大形スイッチ）が焼損し、停電に至った。この停電で、撹拌機だけでなく、冷却用温水ポンプも止まった。撹拌機が止まると、強制対流が停止し、ホットスポットが生じて斑状に過熱するので危険である。そこで、すぐに重合槽の周りの冷却ジャケットに冷水を通水し、さらに槽内に冷水を1t注水した。しかし、樹脂の重合反応は止まらず、その反応によって可燃性ガスが生じて、燃焼脱臭炉に流れた。ところが、その脱臭炉は異常時の過大流量に対応できずに安全弁が開き、ガスは煙道に導かれた。翌0時25分に煙道のダクト内で1回目の爆発が生じた。しかし、同0時31分に鎮火し、同1時頃には仮設電源によって電気が回復し、重合槽中の樹脂が冷却できた。さてこの翌日、13時から17時まで工場関係者は対策会議を開いていた。すると、重合槽でなく、モノ

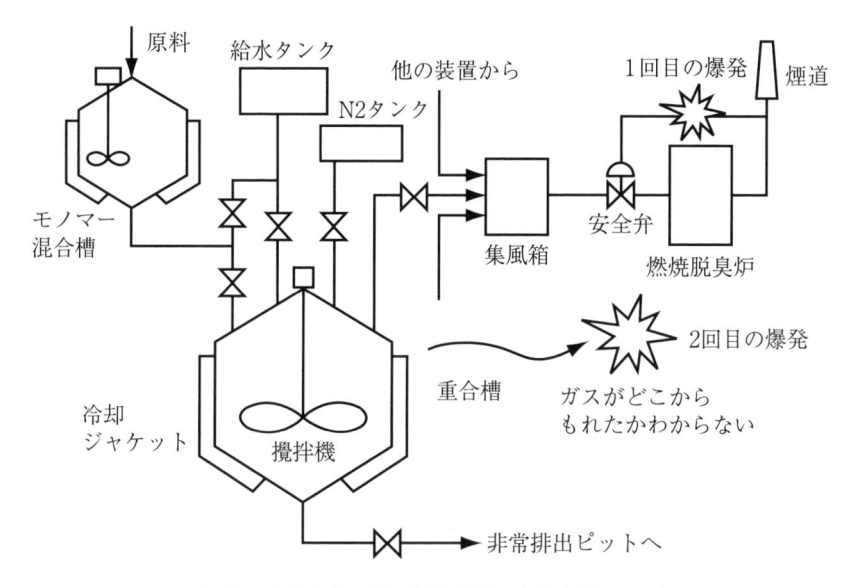

4.3 | 化学反応や細菌増殖は、ときとして暴走して手に負えなくなる

出典) 中尾政之、『続・失敗百選』、森北出版、2010年

図 4.5　大阪のダイセル化学における樹脂製造工場の爆発（1982年）

マー混合槽にある 3.8 t の重合前の樹脂が、放置されてから 42 時間も経った頃から、重合反応を始めていた。しかし、これに会議中の誰も気づかなかった。17 時 12 分にオペレーターから「重合槽からガスが漏れている」という連絡を受け、会議中の工場関係者全員が現場に駆けつけ、消火栓を開けて放水を準備し始めた。ところが 17 時 25 分、重合槽脇で 2 回目の爆発が生じて、目の前で 6 名が死亡したのである。

　この事故は化学分野のエンジニアには有名な事故である。事故後に、安全教育用の教材があちこちで作られたが、そのケーススタディとして広く用いられているからである。そのときにインストラクターから発せられるクイズとして、「撹拌を止めると何が起きるか」「停電が起きたら何をすべきか」「爆発しそうな生成物をどうやって系外に排出させるか」「関係者全員で現場に行く必要があるか」などがある。実際、この

工場のエンジニアは撹拌機の故障や停電くらいは想定していた。その証拠として、重合槽には、冷却水タンクや窒素タンクが準備されており、バルブを開けば注入できた事実を挙げよう。また、爆発の危険性を有する生成物を、煙道やドレインから緊急排出することも可能だった。ところが、まさかモノマー混合槽では重合が起きるとは誰も考えていなかったのである。しかし、図面を見る限り、そのような安全装置がまったく付いていなかった。

日本触媒の姫路製造所で起きた爆発事故は、上記のダイセル化学の事故の再現である。2012年9月29日に爆発が起きた。白煙が上がっていた中間タンクの前で、さっそく注水活動を始めようとしていた消防署員1人が爆発で亡くなった。消防車の前に出て勇猛果敢に鎮火しようとする直前であった。この高純度アクリル酸製造工程では、9月18日から20日まで全面停電させて電装品の保全工事を施したが、それを終えて21日から順に設備を再稼動させていた。

図4.6に示すように、もともとこの中間タンクは、精製塔から回収搭までのバッファー用に設計されており、停止時・起動時のような非定常用として用いられていた。今回の起動でも、少しずつアクリル酸が貯蔵されていった。しかし、中間タンクには、冷却コイルが下部にしか設置されておらず、タンク全体を均質な温度にするために、ポンプで底から天井へと液を循環させる系を動かすべきであった。しかし、中間タンクには温度計がなく、誰もその安全装置を動かすべきことに気づかなかった。そして、上部の高温部のアクリル酸が重合を始めて、ついに沸騰して蒸気の圧力でタンクに亀裂が入った。そして急激にタンクが減圧するとさらに沸騰して、蒸気雲がタンクの回りに生じ、何かで着火してそれが爆発した。いわゆるファイヤーボールが発生したのである。「循環を止めると何が起きるか」「生成物を減圧すると何が起きるか」「勇猛果敢に現場に出ると、出会い頭に爆発に会わないか」など、もう1回考え直

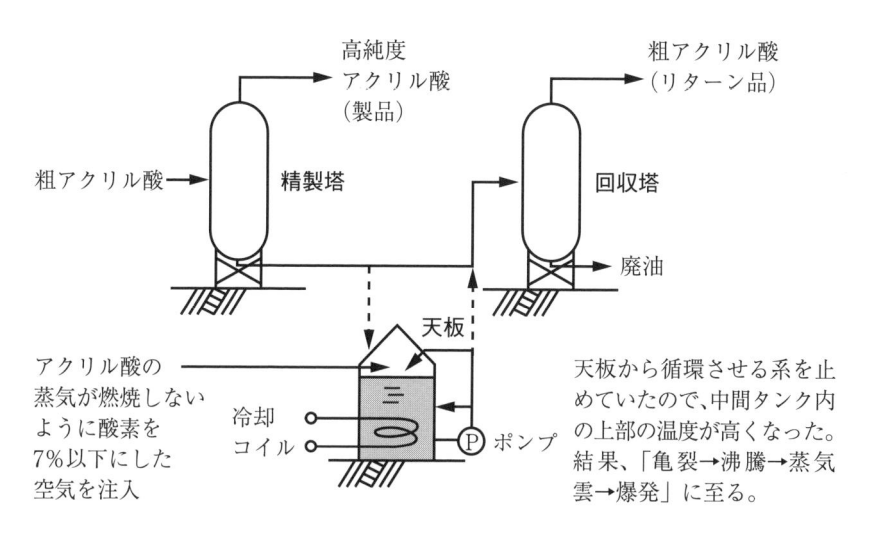

4.3 | 化学反応や細菌増殖は、ときとして暴走して手に負えなくなる

図4.6　日本触媒の姫路製造所における爆発（2012年）

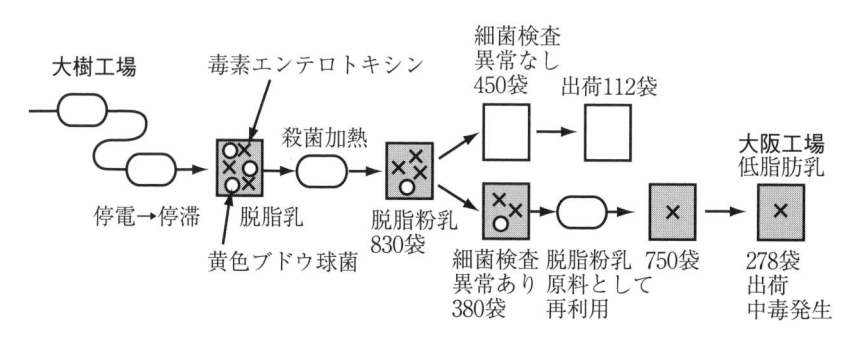

出典）　中尾政之、『失敗百選』、森北出版、2005年

図4.7　雪印乳業大樹工場製品による集団食中毒事件（2000年）

すべきである。

2000年6月27日に生じた雪印乳業の集団食中毒事件も有名である。図4.7に示すように、これの発端は、事件の約3カ月前の3月31日に発生した、北海道大樹工場での停電であった。たった3時間の停電で

あったが、平常ならば数分間で終わるクリーム分離工程で、脱脂乳が25℃で約4時間滞留した。このときに黄色ブドウ球菌と毒素のエンテロトキシンとが発生したらしい。本来は廃棄すべきだったが、黄色ブドウ球菌しか測定していなかったので「加熱殺菌すれば安全のはず」と工場関係者は判断した。当時は毒素の測定に時間がかかり、感度も悪かったので、黄色ブドウ球菌が死滅したことを確認しただけで出荷してしまった。その毒素が、3カ月後に集団中毒を生じさせたのである。

雪印には「殺菌神話」が存在するらしい。その頃、「仕損率ゼロ」を合言葉に生産効率を高めていたので、この殺菌神話は有効であった。このような神話として、水道の「塩素消毒神話」も有名である。1996年6月3日、埼玉県越生町では寄生性原虫のクリプトスポリジウムで8,812人が集団感染した。これはエンテロトキシンと同様に、測定が難しいだけでなく、一般の塩素消毒では死なないのである。神話と仕損率がキーワードになった事件は他に、2007年10月の三重県伊勢市の赤福餅事件が挙げられる。「三つ売るより一つ残すな」という家訓とともに仕損率ゼロを目指すため、「冷凍神話」を用いたのである。確かに冷凍すれば「時間よ、止まれ」が実現して、売り残しの味を落とさず、翌日でも売ることができる。ただし、消費期限を解凍時にリセットしたのが違法行為と見なされた。「利益重視のために神話を用いる悪い経営者」というシナリオはマスメディアの大好物である。同様にして福島第一原発も、「稼働率向上のために安全神話を喧伝した」と非難されている。

(3) インフルエンザパンデミックはいつどこから起きてもおかしくない

筆者は、将来に起きそうな事件のうち、週刊誌が"人類滅亡"と書き立てるような惨事をもたらす大事故・大事件は、インフルエンザのパンデミック（pandemic：世界的流行）しかないと思っている。「インフルエンザごときで、本当にパンデミックが起きるの？」とよく聞かれるが、

4.3 化学反応や細菌増殖は、ときとして暴走して手に負えなくなる

1918年のスペイン風邪のパンデミックでは、全世界で2,000万人から1億人が死亡したといわれている。ジョン・バリーの『グレート・インフルエンザ』(共同通信社、2005年)を読むと、これは再び起きうるという気持ちになる。

スペイン風邪はスペインで起きたのではない。図4.8に示すように、1918年1月にアメリカのカンザス州で始まり、まず、陸軍のキャンプで若者が感染した。この頃は弱毒性で死亡率は1％以下だった。同年4月にアメリカ軍がフランスに上陸したので、味方のフランス軍やイギリス軍に感染し、果ては敵のドイツ軍にまで感染していった。こうなると戦争もやる気がなくなってくる。そして同年6月には中立国のスペインに伝染し、新聞報道で"スペイン風邪"と命名された。そして、突然変

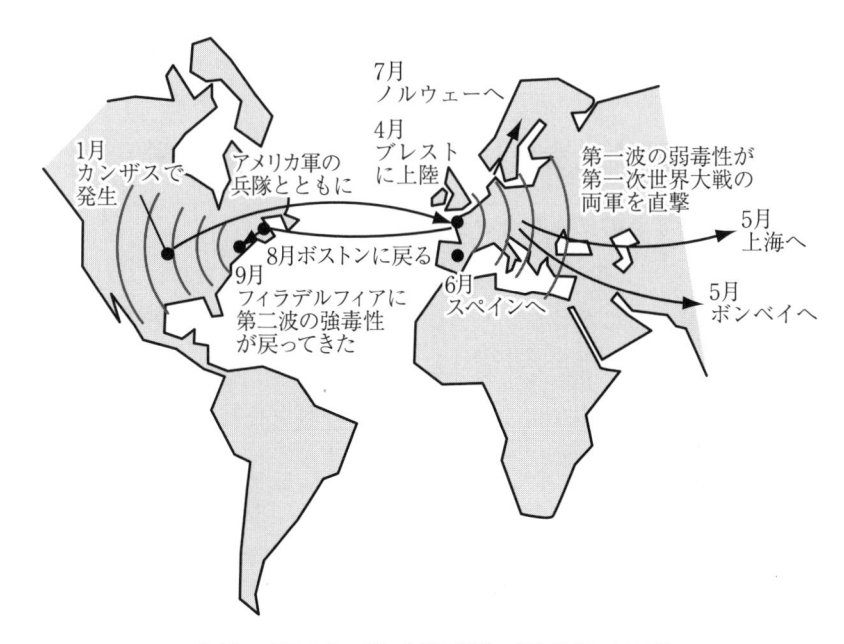

出典) 中尾政之、『続・失敗百選』、森北出版、2010年

図4.8　スペイン風邪のインフルエンザパンデミック(1918年)

異のように生じた死亡率5％の強毒性のインフルエンザが、アメリカのボストンに再上陸する。アメリカの東から西へ猛威をふるって68万人が亡くなった。さらに1918年11月の戦争休戦後にヨーロッパに再上陸して、翌1919年4月のパリ講話でも流行が続いた。ウイルスが肺の細胞を攻撃すると、白血球が有毒のサイトカインを分泌して応戦するが、その毒で自分の細胞がやられ、ARDS(Acute Respiratory Distress Syndrome：急性呼吸窮迫症候群)を起こすそうである。また二次的に免疫システムが弱まったあとに細菌性肺炎を起こしてしまう。若者は免疫システムが強いため、死亡率が高まった。このように強毒性のウイルスになると、リレンザやタミフルだけでは対抗できず、ワクチンの取合いになるだろう。細菌性肺炎が死亡者の半数といわれているので、抗生物質を飲めば死亡者は半減しそうであるが、本当に起きたらワクチンの製造競争の善し悪しで死亡率が変わるだろう。

4.4 停滞した社会は互いに絡みつき、構造疲労で倒れる

■繁栄を維持するのにも気合いが必要である

　日本は2013年までに低成長時代を20年間も経験したが、これが急に高度成長に変わることはないし、逆に、急に暴落することもない。現状維持がずっと続くのである。現状維持といっても、何もしないでいると突然、製品が売れなくなって倒産する。今の繁栄を維持するにも、気合いが必要である。しかし、インフラのメンテナンス要員は役人的に現状維持を好むだけでなく、ややもすると手抜きして現状劣化になりがちになる。メンテナンスは創造と比べると極めて退屈であり、活性度が落ちる。工学部では、誰もメンテナンス、リサイクル、廃棄を研究したがらない。ワクワクする研究が少ないのも原因だが、学生はいわゆる"機械のお守り"で一生を終えたくないと思うからであろう。しかし、それで

4.4 | 停滞した社会は互いに絡みつき、構造疲労で倒れる

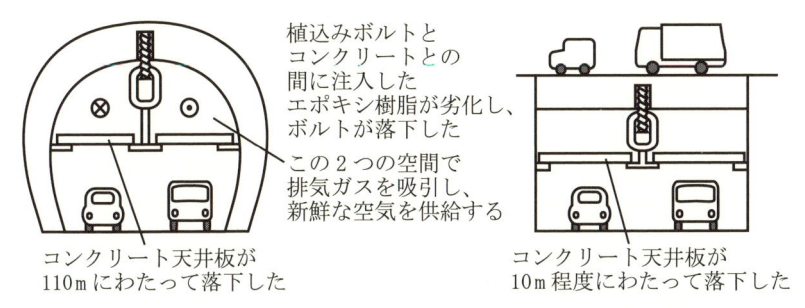

(a) 笹子トンネルの天井板落下（2012年）　(b) ボストンの高速道で天井板落下（2006年）

図 4.9　接着剤が劣化してボルトがすっぽ抜ける

は日本の富を保つ成熟期を、富を失う衰退期に変えてしまいかねない。

　2012年12月2日に中央高速道路の笹子トンネルでコンクリート天井板の落下事故が起き、通過中の自動車に乗っていた9名が亡くなった。図4.9(a)に示すように、天井板の吊金具を保持していたボルトがスッポ抜けたのである。筆者は当初、そのボルトは"コンクリートボルト"であり、「トンネルの巻き立てコンクリートに開けた穴の中に、羽根状の突っ張りが拡がったもの」と思っていた。こう思った理由は、筆者の安全管理室では東日本大震災後の地震対策として、大学で本棚をコンクリート製の耐力壁に固定するときに、このコンクリートボルトを多数、使っていたからである。しかし、筆者の予想は大はずれだった。何と、コンクリートに開けた穴に植込みボルトを差し込んで、その隙間にエポキシ接着剤を注入していた。施工後のエポキシ接着剤は、35年間もの長い間に劣化して脆弱になり、最後はボルトが接着剤ごとコンクリートからスッポ抜けたのである。原因はボルトではなく、接着剤であった。エポキシ接着剤が劣化してコンクリートとの間に隙間が生じれば、叩くとボコッという音が出るので検査できる。トンネルを管理する中日本高速道路はその打音検査でさえ、何年も実施していなかった。こうなると

第4章 "複雑設計"による「まさか」の失敗が世の中に蔓延する

現状維持以下の話である。

実は2012年6月に、筆者は中日本高速道路で安全講演をしていた。第二東名の工事現場を見学させてもらったうえでの、活気ある職場での講演であった。筆者がそこで活気を感じたのも、前向きに新しい高速道路を作るという意識をもつ職場の関係者が多かったからであろう。猪瀬直樹 都知事が2005年の高速道路の分割民営化に活動していた頃は、「新しい高速道路は作らない」と言っていたような気がしていたが、喉元過ぎればナンとやらで、しっかりと高規格の第二東名が完成直前であった。前向きの仕事にはエネルギーが費やされるが、後ろ向きになると、このように優秀な人材を有する会社でも脇が甘くなるのだろう。

しっかりと植込みボルトを固定したいのならば、昔の関門トンネルのように、トンネルの巻き立てコンクリートの鉄筋にボルトを溶接すべきだったのである。しかも、エポキシ接着剤で固定するのは土木工学では常識になっているようであり、ときにはスッポ抜けるのも常識だったらしい。2006年7月10日に、図4.9(b)に示すように、ボストンの高速道路のトンネル(というか、上に一般道路が通る地下1階の道)の天井板が、笹子トンネルとまったく同じようにボルトがスッポ抜けて落下し、通過中の自家用車の助手席に乗っていた1人が亡くなった。国家運輸安全委員会(NTSB、National Transportation Safety Board)の調査報告書がインターネットからダウンロードできる。それには事故後に調査した内容も載っているが、スッポ抜けそうなボルトは"目白押し"と思うくらい杜撰な施工であり、開通後3.5年で呆気なく落下したのも至極当然であった。これくらい低レベルのトンネルがアチラコチラにあったら、アメリカの将来はたまったものではない。しかし、事故後、徹底的に他の設備を調査して全部、施工をやり直しさせ、しかもその計画を10年単位の長期で忘れずに実行するとした行動力はアメリカの長所である。

「設計と保守のどちらの業者の過失か」という裁判が事故の後にいつ

4.4 | 停滞した社会は互いに絡みつき、構造疲労で倒れる

も起きる。2007年に起きた東京渋谷の温泉施設シエスパのメタンガス爆発事故は有名である。2013年5月に東京地裁の判決が出たが、排気管のU字部分に水が溜まってメタンガスが逆流するような配管にした設計業者が有罪、水抜きすべきことを(プロだったらちょっと考えればわかることだが)知らされなかった保守業者が無罪になった。ちなみにこのシエスパも笹子トンネルも設計業者は、奇しくも同じで大成建設である。さすがに35年前に行った設計の罪は問えないか。

　設計は新品のときに問題がなくても、そのうち、構造疲労が生じてくる。技術的な疲労破壊だけでなく、組織的な気の緩みもその一つである。だんだんとダラケてくる。小手先で言い訳を繰り返しているうちに、自分が設定した制約条件が要求機能に複雑に干渉するようになり、最後は自滅するのである。このときに口にする「まさか」は、サボって本当に何も考えていなかったことの言い訳になる。この手の失敗は避けるべきである。しまいには日本を劣化させることにつながりかねない。

第5章

新商品のデザインは知識外の
違和感から思考が始まる

5.1 「まさか」の失敗と期待以上の成功は心理的障壁を排して生まれる

(1) 「まさか」の成功は、マイナーチェンジの成功とちょっと違う

「まさか」の失敗と頭の動きが同じ話として、「まさか」の成功も考えてみよう。

「まさか」の成功とは、「皆が予想していたもの以上の高品質だったので驚愕・感動した」というような"期待以上の大成功"である。成功例は、新発明、新発見、ヒット商品、ベストセラー、大流行、スクープ記事、抜擢人事、MVP、などである。「まさか」の失敗が、これまでの「つい、うっかり」の失敗と頭の動きが異なることを今まで述べてきたが、同じように、「まさか」の成功も小手先の"マイナーチェンジ"の成功とはちょっと性格が違うのである。すなわち、「まさか」の失敗も成功も、知識データベースのなかには前例・先例が見当たらないのである。仕方がないから、他人の手を借りずに、自分で考えるしか設計解を得る方法はない。

仮に、期待に関して市場調査すれば、世の中で何が期待されているかはすぐにわかる。しかし、期待以上の大成功を目指すのなら、期待以上の設計解が必要となるため、容易に考えつかない。近頃の若者がやるように、GoogleかFacebookを使って解がわかれば、世話がないが、それでわかれば、トックのトウに誰かがやっているはずである。とにかく、"期待以上"が「まさか」の大成功の合格ラインだから、できる人が下馬評どおりにうまくできても、「まさか」の成功にはならないのである。世阿弥の『風姿花伝』(岩波書店、1958年)には、「花と面白きと珍しきと、これ三つは同じ心なり」と書かれてある。つまり、「能を見た感動は予想外の意外性にある」と喝破している。確かにいくら季節にマッチした美しい芸でも、2度目には感動も半減する。まさかの成功は、実は世阿弥の興行の成功レベルとまったく同じである。

5.1 | 「まさか」の失敗と期待以上の成功は心理的障壁を排して生まれる

(2) 「まさか」の成功は、過去の知識に頼りきる秀才からは生まれない

　「つい、うっかり」と「まさか」の違いは、秀才と天才の違いに似ている。秀才は、リスクやチャンスを感じたとき、"過去トラ（過去に起きたトラブルの事例集）"や成功の偉人伝から、高い発生確率を有する"よくある話"を検索し、それを参考にして自分向けの有用な設計解を短時間で加工する。つまり、秀才は、効率的に過去の知識を再利用して、その条件下の最適解を選択するので、正解の存在が保証されている受験勉強の類では力を発揮する。このとき、いくら前例・先例といっても、周囲環境や時代背景が多少違うから、秀才は「類似性」の認識能力をフルに発揮して知識を自分向けに加工する。たとえば、雪が降ったとき、白銀をぼーっと眺めるだけでなく、「明朝は昨年のように凍るかもしれない」とリスクを感じて、今夜中に雪かきを始めるとか、粕漬けの瓜を食べた後に、「友達と同じように有名店の美味な粕を再利用しよう」というチャンスを感じて、鮭の粕漬けを作ることを始めるといったことだ。

　人生のほとんどの場合で、昔の経験がものをいう。だから、秀才は素直に、年寄りや先輩、先生の助言に従って、まず"型"のお稽古から始める。受験勉強に長けた有名受験校卒の東大生は、実にこの能力に秀でており、大学でも企業でも大した努力をしなくても常に中位以上をキープできる。

　ところが、このような秀才はちょっとひ弱で、思考の先に何かしらの心理的障壁が存在すると、たちまち壁の前でＵターンをしてしまう。つまり、その先を考えることが"コストパフォーマンス"の低い作業であり、人生の無駄のように感じてしまう。その結果、一連の思考をピタッと止めて、違う経路を探索し始めるのである。ちょうど、数学のテストのときに、設問の(1)ばかりを解いて点数を稼ぐのと同じである。これが秀才なのである。やさしくて短時間で解ける(1)だけ拾ったほうが、難しい(2)にはまって時間を浪費するよりマシであり、無難な点数がとれ

る。"設問(1)のつまみ食い"は受験勉強の鉄則である。

一方、天才は、障壁に当たったときから、逆に燃えてくるのである。ワクワクして、寝る間も惜しんで考えるようになる。「壁が突破できれば世界一になれる」とそのときの栄光をイメージしながらひたすら解く。すなわち、天才は設問(2)を解き始めたら、自分の世界に入り、時を忘れる。筆者が高校生の頃、Ｚ会の通信添削の問題がそうだった。何時間で解けるか、皆目、検討がつかないが、解けたら爽快だった。日本の大学入試も、中国の科挙のように試験時間を三日三晩にして寝袋持参で解かせれば、相当の確率で、考えられる人間が選別できるだろう。大学の研究期間はもっと長く、１年以上も考えることが許されているのだから、そもそも受験勉強とは勉強の種類が違うのである。

(3) 「まさか」の成功は、心理的障壁を乗り越えた天才から生まれる

秀才は、絶えずキョロキョロと情報アンテナを広げているから、何事もタイムリーな判断ができて無駄がない。(2)で挙げた例で考えると、雪かきに疲れたときに「夜半から雪は雨に変わる」と天気予報が言えば、雪かきを即刻中止するし、粕と格闘中に、「水分が出て粕が酸敗する」と料理番組で言われたら、粕漬けを中止する。このようにリスクがあれば中止したほうが、これからの作業が無駄になる、という悲しい確率が低くなる。何を言っても論理的なのである。頭が良いから、もっともらしい中止理由は、後から何とでもつけられる。こういう学生に研究をやらせるのは一苦労である。「先生の言ったことをやって本当にうまくいくのですか」と立ち止まる。何度も念を押されても、実際は誰もわからないことをやるのが研究だから、教授でさえも太鼓判を押せない。

ところが、天才は、状況が変わっても思考そのものが面白いから、最後まで解いてみる。悪くいえば変人であるが、よく言えば、忍耐や勇気が無意識に備わっている偉人である。蓄音機から映画まで何でも発明し

たエジソンや、振り子を使って地球の自転を証明したフーコーは、職人肌の天才で筆者は大好きであるが、彼らのような人種は実験を始めると非常にしつこく粘っこい。

福島第一原発事故では、「全交流電源喪失は30分以上生じない」という指針が心理的障壁だった。「その事象の発生確率があまりに低いので、考えなくてもよい」と国に言われ、秀才たちはその指針に依りかかり、即座に思考を停止させたのである。別の例を挙げよう。ヒット商品のブレードレスファンでは、「扇風機には風を送る羽根が必ず存在する」が心理的障壁であった。これがデザイナーの行く手を拒んで、ブレードレスファンのように、「風が円環スリットから吹き出され、円環の中に羽根が存在しない」という扇風機を思いつかなかった。羽根はあってもよいが、見えなければよいのである。これに気づけば誰でも期待以上の設計解が導ける。実際、ブレードレスファンの発明者はダイソンのイギリス人工業デザイナーでなく、1981年に特許申請した東芝の日本人エンジニアである。

このように、「まさか」の成功には、自分の前にそびえる心理的障壁を、自力で破壊するような勇気が必要不可欠である。この勇気をもてば、一山越えたところに答えを見出すことができる。

5.2 | 日本の安全・品質を高めるのは、違和感をもった変人である

(1) 違和感をもつことで、新しい局面が開ける

本節では、2.3節の題目と同じ題目を再録した。機械工学専攻のデザイン演習を担当してくれる中川聰特任教授(2.3節で述べた社会連携講座も担当)が、「違和感こそ、デザインのスタートである」といつもおっしゃっているから、筆者も"違和感"に注目したわけである。

中川先生のデザイン演習では"禅問答"的に、物理的に解釈できない

課題を行う。たとえば、「この香りは何色か」「この音楽の形状はどのようなものか」「街を歩いて感じた音を写真に撮ろう」「厚い手袋をしながら作業して加齢者の手の感覚を形に示そう」というようなことを毎年、手を変え、品を変えて演習している。受講後のアンケートでは、ほぼ受講者全員が「感動した」といって5点満点をつけており、なかには「大学までの行き帰りに看板や電線、歩道、建物などに対して気づくものが多くなった。まるで別世界に来たみたいだ」と述べた学生もいた。知らないうちに感性が磨かれたのである。

　この取組みを受け、筆者も、2012年の冬学期、修士課程の留学生20人を対象に、同じような演習をやってみた。そして、たとえば、「違和感の対象をスマホのカメラで1人5枚撮ってみよう」という課題を与えてみた。留学生なので、違和感に気づいても母国語を用いないと説明しにくいし、教員も英語ならともかく、中国語やフランス語で説明されても意味がわからないから、いっそのこと言葉を使わずに、写真や絵で提出させた。やってみると、結構、面白かった。写真には、たとえば、マスク着用の地下鉄乗客たち（犯罪者集団か？）、分別して捨てるべきゴミ箱の列（理由を説明しておらず理解不能）、ビニール傘を差して自転車をこぐ勤め人（透明でないと前が見えないから？）、雨水浸透舗装にへばり付いている銀杏（すごく臭いのに掃除しにくい）、掴む取手が付いているのに引くのではなくスライドさせるドア（日本人も間違える）、きちんと2つに割れない割り箸（コンビニ弁当に多い）、などなどで、100枚も集まるととても面白い。そして、これがビジネスの起点になりそうなのである。たとえば、マスクの写真を見せながら、学生から「自分は口が見えないので異様に感じたのだろう、透明マスクは売れないだろうか」と提案されると、商品設計の起点になったような気がしてくる。

　なお、違和感について、認知科学者の渡辺克巳准教授（東大・先端研）にご指摘いただいたのだが、違和感も2種類に分けられるそうである。

5.2 | 日本の安全・品質を高めるのは、違和感をもった変人である

つまり、「周りが違っているから変だ」という外在的な違和感と、「自分が過去と違っているから変だ」という内在的な違和感がある。留学生だと、見知らぬ日本に来ただけで、前者の外在的な違和感がそこら中に生まれる。ところが、日本人に同じ課題をやってもらうと、たとえば、その日は就活が終わって晴れ晴れしていたから路傍の花が美しく見えたという、後者の内在的な違和感が多くなる。この内在的な違和感は、背景的な心理状態も説明してもらわないと、「何が変だったのか」は他人が容易に理解できない。

(2) 芸術の教育方法は、工学の教育方法と根本的に異なる

図5.1に、工学の教育方法(左)と上述の芸術の教育方法(右)との違いを示す。

工学では、とにかく知識を詰め込む。だから、学生は上述の秀才と同じように、設計解を求めるとき、脳内の知識領域を高速検索して、最適解を提案する。そこでは、類似性やアナロジーを感じ取る能力が不可欠になる。ところが、芸術では、ちょっと異なる教育方法をとっている。

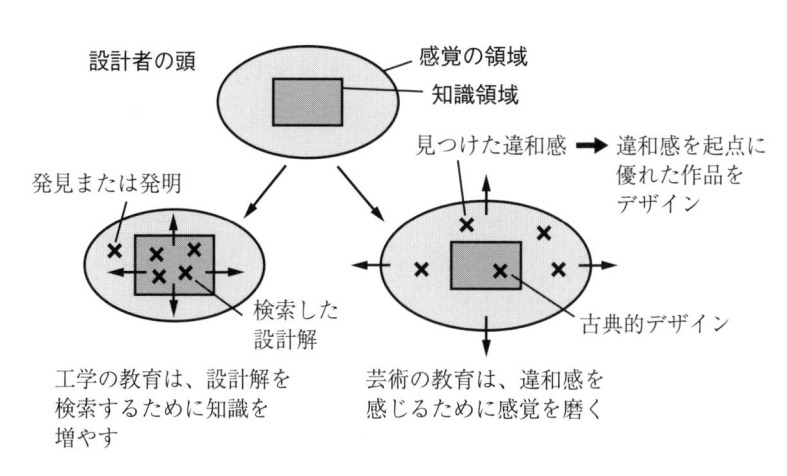

図5.1　芸術の教育では違和感を大事にする

第 5 章　新商品のデザインは知識外の違和感から思考が始まる

つまり、初心者のうちはデッサンや模写を通して古典知識を勉強するが、エキスパートになるとすぐにその知識領域外の違和感を感じ取らせるような教育に変わっていく。そして、その違和感を起点にデザインすると、当然のことながら、独自性をもつ作品ができあがる。芸術はプロになればなるほど、工学のエンジニアよりも模倣が許されない立場になる。芸術は独創性重視の社会なので、当然の教育方法であろう。ピカソの絵と同じような絵が描けても、売れないどころか、贋作の犯罪者になり逮捕されるのが関の山である。

一方、工学教育では、内外が逆である。修士課程でさえ、いまだに高校生のように「座学で知識入力するスクーリングを主体にすべきである」とおっしゃる大先生も多い。「基礎ばっかり詰め込んで、臨床をやらない医者に診療してもらいたい」と言う患者がどこかにいるだろうか。2.3 節で述べたように、産業界は今や工学知識だけを詰め込んだ学生だけを求めているわけではない。それよりは、演習を通して自分の知識を総動員して出力し、その範囲外の課題を解決するような、"考える"脳を有する学生が求められている。この脳は、修士論文や博士論文を纏めるための研究で鍛えられる。大学では当然のことながら、世界一を目指して新規的な課題に挑戦しているので、実験中や思考中に違和感を感じ取って新規的な何かを汲み取る能力が必要になる。

東大生は、小学校以来、効率的な受験勉強法を徹底的に叩き込まれているから、「新しい設計解を求めて、うまく行きそうなものを手当たり次第に試みてみよう」という"挑戦"は苦手である。多くは「やっても無駄、無駄」「コスパ(コストパフォーマンス)が悪い」「本当に答えがあるんですか」と言ってすぐに逃げる。小学校以来、上述した"設問(1)のつまみ食い"で無難に得点を稼ぐことを指導され、それが受験のテクニックとして身に染みこんでいる。これを人生のテクニックにも応用するから、手強い設問(2)はパスし、結果的に障壁に当たると、すぐに隣の

設問(1)を探す。まず、試しに壁に衝突して、痛みを感じながら死ぬほど考えるべきである。筆者は卒業論文で実験装置が思ったように動かずに苦しんでいる学生には、「おめでとう。やっと研究者のスタート地点に立てたね。君が苦しんでいる課題は万国共通であり、もう君の前には世界で10人くらいしか先達がいないよ。研究のフロントが見えてきたね。少なくとも教授の僕は超えたね」と褒めることにしている。これは脳科学者の故 松本元先生の教育方法のパクリである。褒めた時点で学生は教授の弟子ではなく、パートナーになる。だいたい、答えのないことに挑戦すれば、壁に当たることは日常茶飯事である。気にすることではない。

大学でやるべき高等教育は、**図5.1**左の知識詰込み教育ではなく、右の知識創造教育にある。もちろん、大学の前期では基礎的な専門知識を学ぶが、後期や大学院になったら新しい知識を自ら拡大生産すべきである。これはとても大きな変化なので、学生には"精神破壊"が必要であろう。しかし、それを乗り越えたエリートをもっともっと多く産み出さないと、日本に明るい未来はない。

5.3 工業デザイナーが仕事をするとき、思考の起点はどこにあるか

(1) 工業デザイナーは、設計時に要求機能も考える

それでは、芸術における知識創造の現場を見てみよう。

工学のエンジニアは「工業デザイナーは形状や材料をいじくり回しているだけである」と評することが多いが、これは間違いである。確かに、建築や家具、食器など、従来のデザイン分野の優秀作品を見ると、美しくなったといっても、所詮、家は家で、机は机で、皿は皿であり、顧客の要求機能は何らふつうのものと変わらない。かえって使いにくそうなものもあるが、美しさという設計解を重視して表彰しているのだろう。

第5章　新商品のデザインは知識外の違和感から思考が始まる

しかし、その他の工業デザイン、たとえば文房具、電化製品、自動車、台所用品、日用雑貨などのデザイン優秀作品を見ると、筆者でもその要求機能をすぐに理解できるから、違う側面が見えてくる。つまり、ヒットを生んだ価値が、「美しい」という設計解にあるだけでなく、「便利だ」「安全だ」「使いやすい」という要求機能にもあることがわかる。

図5.2は、グッドデザイン大賞を獲得した日用品500個強をインターネットで調べて、それの"売り文句"から、ヒットを生んだプロセスは要求機能か設計解かを調べた結果である。すると、要求機能主導型作品が全製品の39％を占めていた。確かに工業デザイナと話すと、彼らは形だけでなく、言葉も"コンセプト"と称して大事に扱い、商品プランナーとしての能力にも優れていることがわかる。たとえば、ユニバーサルデザインの障害者や加齢者を含めて、「誰にでも使いやすい」という要求機能はそのコンセプトの一つである。シャープペンや歯ブラシでは、

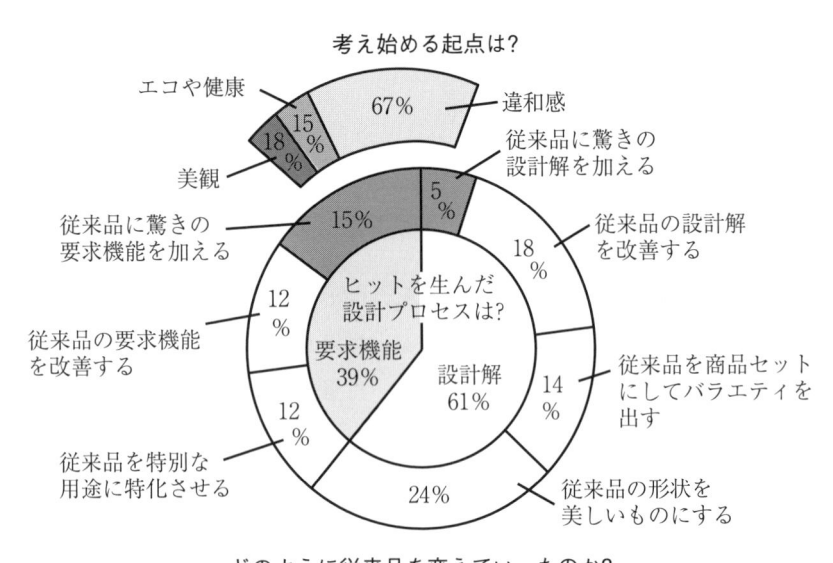

考え始める起点は？

- エコや健康 15％
- 違和感 67％
- 美観 18％
- 従来品に驚きの設計解を加える 5％
- 従来品に驚きの要求機能を加える 15％
- 従来品の設計解を改善する 18％
- 従来品の要求機能を改善する 12％
- 従来品を商品セットにしてバラエティを出す 14％
- 従来品を特別な用途に特化させる 12％
- 従来品の形状を美しいものにする 24％

ヒットを生んだ設計プロセスは？
要求機能 39％／設計解 61％

どのように従来品を変えていったのか？

図5.2　工学デザイナーがデザインを考え始める起点を調べる

5.3 | 工業デザイナーが仕事をするとき、思考の起点はどこにあるか

この要求機能のために、太く、くびれの付いた柄をもつ商品がデザインされている。OXO（オクソー）という会社の台所用品は、グリップしやすい、という要求機能でアメリカのヒット商品になった。ジャガイモのピーラーが有名であるが、ジャガイモを10個連続で剥けば、"百均"の安い皮剥き器と違うことが実感できる（値段も1000円と高いが……）。

(2) 顧客の期待以上の成功品は、何を起点に設計したか

　グッドデザイン賞は、毎年、審査員を交代させている。そのためなのだろうか、昨年のヒット商品をマイナーチェンジした派生商品が、この賞を連続取得している。実はその数が思ったより多くて驚いたが、数年分の受賞作品を遡ってみると、すぐにそれがマイナーチェンジした派生商品であることがわかる。そこで作品群のなかから、マイナーチェンジ作品を除いて、本当に筆者に驚きを与えたような作品をピックアップした。図5.2の外円に記したが、要求機能主導型作品から15％、設計解主導型作品から5％、の商品を選ぶことができた。これらが顧客の期待以上の成功品である。

　それらの期待以上の成功品の一部を図5.3に紹介する。(a)から(m)までは要求機能主導型作品で、(n)(o)は設計解主導型作品である。(a)のSENZ製の傘は、台風でオチョコになるのが困るという要求機能から生まれた。持ち手の棒に対して、非対称の翼タイプ形状を有し、風に当たるとダウンフォースが生じて安定して差せる。筆者も買って雨の日に自転車に乗るときに用いているが（実は道路交通法違反）、風が前方から吹く限り、成功する。しかし、風の向きが変わって後ろから吹くと、簡単にオチョコになる。翼の宿命である。F1でも、ウィングで自重の3倍くらいのダウンフォースを発生させているが、第1コーナーでスピンして後ろ向きになると、その揚力がゼロになるから簡単に吹っ飛ぶ。流体力学は、東大工学部の教員に「専門分野は何か」を聞いて、15％と最も多い答え

第 5 章　新商品のデザインは知識外の違和感から思考が始まる

(a) 台風で傘がオチョコになる
→ 非対称の翼タイプでダウンフォースが生じる傘

(b) 幼児が蒸気でやけどする
→ 蒸気を出さずに釜に戻す炊飯器

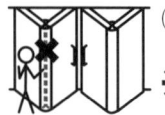

(c) 子供が指をはさむ
→ 円柱を組み込んですき間のないクローゼットの扉

(d) 高齢者や幼児がペットボトルで飲むとむせる
→ 噛むと変形して液体が出るシリコーン製の口

(e) 腰回りのぜい肉を落としたい
→ ロデオ風に動く乗馬マシーン

(f) 水泳大会で勝ちたい
→ 超音波縫製で水の抵抗を小さくした水着

(g) 魚が食いつかない
→ 虫の羽音のような音が出るルアー

(h) ランプを何本も取り換えたくない
→ 渦巻き状の蛍光灯

(i) 燃料の補充が面倒だ
→ ガスのカセットボンベを燃料に用いた芝刈り機

(j) 飛行機の中で靴を脱ぎたい
→ 靴の模様を表面に織り込んだ靴下

(k) 漂白紙はエコでない
→ 漂白しない茶色のキッチンペーパー

(l) 消灯後にスイッチを照らすと省エネでない
→ ライトを蛍光板に代えたスイッチ

(m) 台所で化学消火器を作動させたくない
→ 食用物質で消火できる消火器

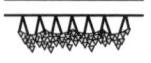

(n) 庭の日よけの影を楽しみたい
→ フラクタル形状の影を演出する日よけ

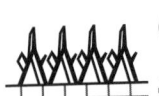

(o) 防犯柵の見映えをよくしたい
→ アルミのスパイクを兵隊のように見立てた防犯柵

図 5.3　顧客に驚きを与えるようなデザインの例

5.3 | 工業デザイナーが仕事をするとき、思考の起点はどこにあるか

を得た分野である。そんなに研究者が多いのに、傘を翼型にするアイデアを何で誰も考えなかったのだろう。

(b)は幼児が吹き出した蒸気に手をかざして火傷するのを防ぐために、蒸気を釜に戻すように設計された炊飯器である。(c)は手を挟まないクローゼット、(d)は幼児がむせないペットボトルの口、(e)は腰の贅肉がとれる乗馬マシーン、(f)はタイムが速くなる超音波縫製の水着、(g)は魚が食いつく羽音付きルアー、(h)は一度に取り替えられる渦巻き型蛍光灯、(i)はカセットボンベで燃料交換が簡単な芝刈り機、(j)は飛行機内で靴を脱いでも靴模様が描かれているので恥をかかない靴下、(k)はエコのために漂白しないキッチンペーパー、(l)は省エネのために消灯ランプを蛍光板に変えたスイッチ、(m)は台所専用に食用物質で消火できる消火器、などである。図を眺めれば、これらの製品は何かしら顧客が「困った、不便だ、危険だ」と思うような違和感を起点にデザインを開始したことがわかる。設計解主導型作品として、(n)は庭の影を楽しむために作ったフラクタル形状の日よけ、(o)は兵隊のような形状で見栄えがよいアルミ製の防犯柵がある。日よけと防犯柵の要求機能は従来品と変わらないが、ハッとするような美しさを加えてある。なお、**図 5.2** の上枠に、**図 5.3** のような驚きを与える作品の思考起点の分布を示している。

美観やエコ、健康というものは、情緒的・観念的な起点を有するが(たとえば、**図 5.3** の(k)から(o))、違和感と分類されるもの(たとえば**図 5.3** の(a)から(j))が3分の2もあった。こうなると、**図 5.1** の違和感を重視する芸術の教育方法も、「なるほど必要だなあ」と誰にでもわかるだろう。

(3) **心理的障壁を越えて新たな設計解に挑戦すると、成功する**

図 5.4 は、その違和感を解決するために、心理的障壁を乗り越えて別の設計解を求めたデザインの例を示す。(a)はビール缶の色が、ビールか

第 5 章　新商品のデザインは知識外の違和感から思考が始まる

(a) 黄、白、緑はビールの色　⇒　金の麦／青　青は食欲を減退させる色だが、店で目立って売れた

(b) シャープペンで書いた線がすぐに太くなる　⇒　筆圧がかかるたびに少しずつ芯を回転させ、線を細く保つシャープペン

(c) 小さなボタンを押しにくい　⇒　タッチスクリーン上の指の動きで入力できるデバイス

(d) 3D-CADの作業で手のひらにタコができる　⇒　手のひらと机の間に低摩擦の板をはさんだマウス

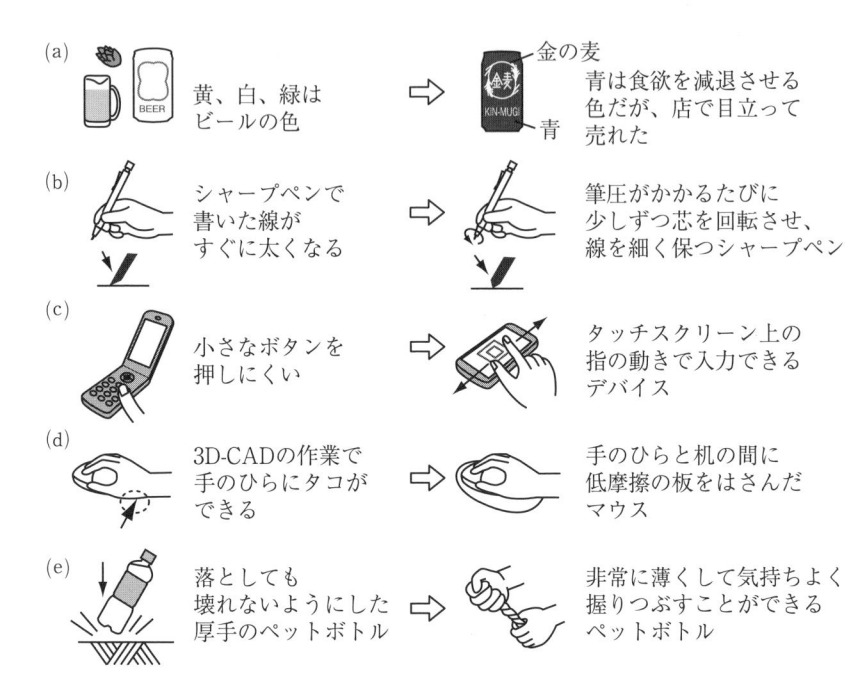

(e) 落としても壊れないようにした厚手のペットボトル　⇒　非常に薄くして気持ちよく握りつぶすことができるペットボトル

図 5.4　心理的障壁を超えて別の設計解を考えついたデザインの例

ら連想される黄色、白色、緑色が主であることが業界の常識だったのに、食欲減退の青をわざと使って売り場で目立たせて成功した"金麦"の例である（CMの女優が良かったからというのも売れた理由であるが）。(b)は書いていくとシャープペンの線が太くなる現象を防ぐために、筆圧がかかるたびに少しずつ芯を回転させて、常に芯の先を円錐型に保つのに成功した"クルトガ"の例である（分解すると、そのメカニズムに感動する）。(c)は折りたたみ式携帯電話のボタンが小さくなって押しづらくなったので、タッチスクリーン上で指を動かして入力できるように変えて成功した"スマホ"の例である（若者はこちらの文化に移行した）。(d)は3D-CADの女性オペレーターが手のひらにタコができて苦しんでいるので、手のひらと机の間に薄い下敷きを挟んで擦らないようにして成

功したマウスの"手の匠"である(実際の商品は、下敷きでなく、美しく流れる形状になっている)。最後の(d)のペットボトルは「落としても壊れない」という要求機能に従うと厚手になりがちという状況を逆転させて、「イライラするときに潰したらストレス解消になる」という要求機能を新たに設定し、薄手にして成功した"いろはす"である。違和感から始まれば、前例重視の定番の設計解以外に、売りとなるような別解が生まれるものである。

5.4 攻めの失敗学を目指す

■違和感から失敗を予想できたときに、新しい商品企画が始まる

　このように、違和感を起点に多くのヒット商品が生まれていることがわかった。違和感という言葉は、スポーツ選手が「足に違和感をもったから今日は練習を休みます」というように使うので、具体的な理由もなしにサボっているようで語感は悪い。似たような言葉に"体調不良"もある。近頃は男子学生でも「体調不良で研究会に出席できません」と言ってくるが、この言葉もズル休みを連想させて語感が悪い。しかし、このように論理的に説明できない"違和感"に気づくことは、成功するための"一里塚"であり、失敗学で最も必要な能力でもある。

　第2章で述べたように、2011年3月までは、失敗学に最も必要な能力は「つい、うっかり」の失敗に気づく能力であったが、これは"類似性"を感じ取る能力に等しい。つまり、ピッタシカンカンの前例はデータベースにもそうそうあるものではない。だから、水平展開するには、対象や時期が異なるが、シナリオが似ている類似例を検索して、自分の状況に合うように加工することが大事になる。しかし、この類似性の能力を生かすには、膨大な失敗知識データが必要になる。「つい、うっかり」の失敗ならば十分な量のヒヤリハット事例もあるだろうが、「まさ

か」の失敗には前例がないので、この類似性の能力を使えなくなる。こういうときに違和感の能力が必要になる。

　工業デザインの教育を通じ、この違和感、特にネガティブな「危ない、使いにくい、不便だ」という違和感は、新しい商品を生み出す"起爆剤"になることもわかった。失敗学というと、いつも後ろ向き志向で消極的だと思われていたが、その違和感が新商品を生み出すのである。つまり、守りの失敗学が、"攻めの失敗学"に変身するのである。「何かおかしい」と感じたときこそ、天佑なのである。そこから新しい発見・発明、商品・利益が生まれる可能性が大である。失敗続きでうまくいかないときこそ、成功に近づいているのである。筆者は学生のとき、フィールドホッケー部に所属していたが、敵に攻められて自ゴール前に張り付いて守っているときが最大のチャンスだと思っていた。そこから、クリヤーされたボールがたまたま味方のフォワードに渡れば、敵は全員で攻めに来て守備はガラ空きだから、虚をついて1分間で1点取れる可能性が高まる。

　2011年3月の東日本大震災は、**第1章**で述べたように、1707年の宝永の大地震（東海・南海の連動地震）と富士山噴火のダブル災害と同じような、日本の歴史的大天災の一つである。宝永のこの天災を契機に、新田開発や元禄景気はピタッと止まり、8代将軍の吉宗が悩んだような低成長時代に突入したが、日本も東日本大震災とその後に起きるであろう東海・南海大地震を契機に、時代は大きく方向を変えるであろう。たぶん、お金はないけれど、幸せを追求する姿勢を前面に打ち出したビジネスが主体になって、競争を控えたゆったりした社会に変わるのではないだろうか。いずれにせよ「日本は変わるかも」という違和感がこれからの成功の起爆剤になるはずである。

あ と が き
―違和感によって、脳内に無意識に刻まれた記憶が再生される―

■ **性格やコンピテンシーが測れる心理テストを実施する**

　この頃、「"違和感"を人間に気づかせるものとは何か」について考えるようになった。「本当に何もない所から違和感が生まれるのだろうか」などと筆者の柄にもなく、哲学的になってしまう。でも、その前に、「違和感を感じ取れる"素質"というのはあるのだろうか」とも考えるようになった。もしその素質があるのならば、まずそれをもつ人を選択してチャンスを与え、もたない人には教育を与えればよい。しかし、この素質は性格だろうか、能力だろうか。測定する道具がないのだろうか。

　そこで 2013 年 2 月 1 日現在、国内企業 800 社で用いられている性格診断テスト（NET＊ASK、トータル・バランス・マネジメント社製）を筆者は試しに受けてみた。テストを被験すると図1のような同心円状に描かれた性格判断結果がもらえる。多変数解析の主成分は二つあって、一つは図の水平軸で左が外向的、右が内向的である。もう一つは図の垂直軸で上が他人依存、下が自己主張である。筆者は「"管理者タイプ"、特に"社長タイプ"に当たる」という"お告げ"をいただいた。これは図の左下が強い、つまり「外向的で自己主張が強い」タイプなのである。研究室の研究費を稼いでくる責任者こそが教授なのだから、社長タイプと言われて悪い気はしない。この結果を"街の占い師"風に解釈すると、たとえば「人に愛想良く接し、計画性があり、臨機応変で積極的で目的意識をもつ」そうだ。良く言えばそうだが、裏を返せば「大胆だが無神経・大雑把で細やかな感性を求める仕事には不向き」になる。裏のお告げは妻の小言と内容が同じであり、確かに当たっている。

　実はこのテストは、元アスキー社長の西和彦さんから紹介されたのだが、筆者の性格は西さんの性格と非常に似ていた。革新、創造、前進の

あとがき

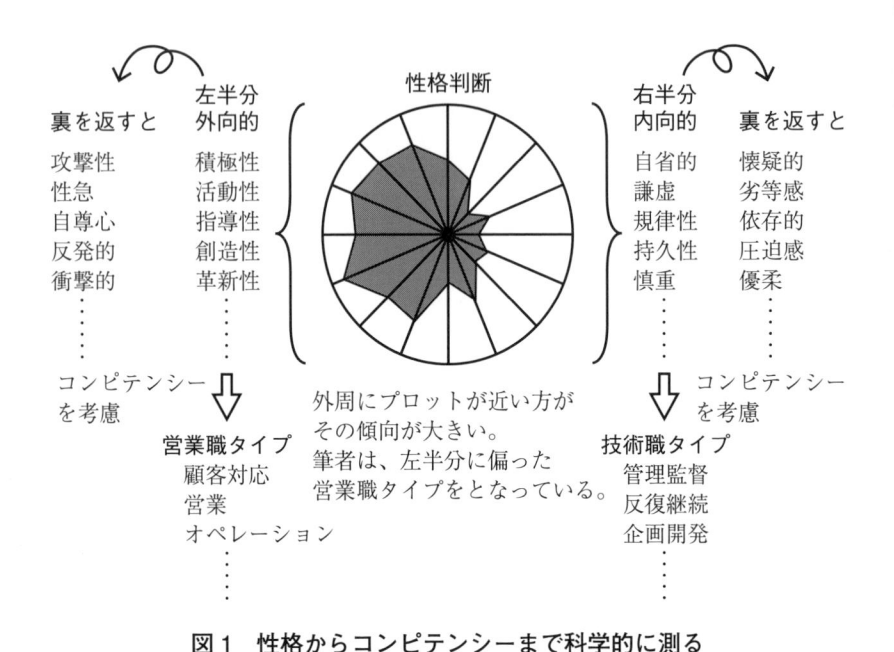

```
                    性格判断
  左半分                          右半分
裏を返すと  外向的              内向的  裏を返すと
攻撃性    積極性              自省的    懐疑的
性急      活動性              謙虚      劣等感
自尊心    指導性              規律性    依存的
反発的    創造性              持久性    圧迫感
衝撃的    革新性              慎重      優柔
   ⋮        ⋮                    ⋮        ⋮
コンピテンシー                コンピテンシー
を考慮                         を考慮
         営業職タイプ       技術職タイプ
         顧客対応           管理監督
         営業               反復継続
         オペレーション     企画開発
```

外周にプロットが近い方が
その傾向が大きい。
筆者は、左半分に偏った
営業職タイプをとなっている。

図1　性格からコンピテンシーまで科学的に測る

力は強いが、前に出すぎて狙撃されるかもしれない。もう一人の被験者、研究室のパートナーの草加浩平 特任教授（第2章で述べた電気自動車の社会連携講座を担当）とも性格が酷似していた。彼はいわゆる"極楽トンボ"であり、2013年3月は大好きなヨーロッパのラリーに参加し、一方、留守番の筆者は彼が担当していた書類の提出で悪態をついていた。しかし、秘書に「草加先生の悪口は中尾先生にも当てはまるわけですね」と言われ、「そうか、"天に唾す"と同じか」と感じたのだった。

　さて、このテストは工学部の学生用に結果を解釈することもできる。たとえば、被験者が営業職タイプ（グループで働いても対人関係で気苦労はない）か、技術職タイプ（ひとりで命令されたことをコツコツやったほうが気苦労はない）かに大別でき、はたまた、メンタル面の不調で就業辞退になるか、逆に、大言壮語で自己破産するか、という今後の人生

あとがき

まで予想してくれる。研究室の学生にも卒業論文の諮問直後に心理テストを受けてもらったのだが、研究成果がイマイチで最後まで実験してもらった学生3人が、劣等感と心理的圧迫の項目がマックスになり、積極性がミニマムになっていた。そのうち、2人の成績はダメだったが、残りの1人は最高点に近かった。精神の強さと研究成果とに相関はない。この3つの項目は変動しやすく、たとえば、欧米にでも卒業旅行に出かけて帰ってきた後に測れば、回復するらしい。でも教師として、そこまで追い詰めた筆者は失格であった。

　西さんは、自身が校長をされている私立高校でも、この心理テストを試みているが、若者の50％は1年後に再テストすると性格が変わるそうである。確かに、「教師の一言が人生を変えた」という類のエピソードはよく聞く。西さんによれば、25歳までは性格も変化するが、30歳以上は固定化して変わらなくなるそうである。これも若者は可塑性を有している、という意味で理解できる。

　第1章でも述べたように、筆者は以前に「創造性を発揮するチーム編成はどうすればよいか」を考え、学部3年生にお願いして、各種の心理テストとメカトロニクスの創造演習とを実施し、結果の相関をとった(『安全安心のための社会技術』(堀井秀之 編著、東京大学出版会、2006年)参照)。そこでたとえば、「子猿のような好奇心と集中心があり、他人に追従しない性格の学生は創造性に優れる」という仮説を証明したかった。心理テストの結果を第一主成分を「やる気」、第二主成分を「他人任せ」にしてプロットした。このとき、やる気があって他人任せにせず自分で考える人が、創造性の高い作品を設計できるはずだった。しかし、結果群をどのような組合せで選んでも有意な関係は見つけられなかった。理由を考えたが、心理テストは性格を測るというよりも、そのときの心的エネルギーを測るという側面が大きいからだろう。仮にテスト前日に彼女にフラれたとすると、明朗活発な若者も軽いうつ病と診

あとがき

断されてしまう。また被験者になった東大生は、皆が同じような真面目タイプばかりなので、チーム編成に差異が生じなかったのも、実験の失敗の一因であった。真面目な東大生は性格に関係なく、インストラクターに質問してそのとおりに実行するので、3年生の創造演習でも相当に高度な機械を作ることができる。このとき、演習中の質問回数と作品の出来(完成度)には、しっかりと正の相関が出ていた。性格よりも教育の影響が大きいのである。これ以来、心理テストに興味はなくなった。

しかし、前述したように、最近、「性格によって適職を選択できる」と業者に言われて、自分で試す気になった。たとえば、「対人接触を好み、外向的で、人の面倒を見て、自主的に行動できる」という性格は、「コミュニケーション能力というコンピテンシー(仕事に必要な能力)に長ける」ということを意味し、「営業職が最適」と教えてくれる。これを使えば、上記の違和感の"素質"がわかるかもしれない。そこで、まず研究室の学生に正直に性格診断テストを受けてもらい、この1年間、筆者が観察し、彼らの違和感の強さとの相関を見ることにした。しかし、最近の学生はズル賢いので、正直に心理テストを受けてくれない。たとえば、就職試験でSPI(Synthetic Personality Inventory：リクルート社製の適性検査)と呼ばれる心理テストを受験させられるが、彼らもバカではないから、「明るく前向きの性格をもつ友人ならばどう思うか」と想定して答えると、その友人らしい結果が出るように答えが書ける。だから、まず、正直に回答されたことを前提にして、違和感との相関はともかく、性格と適職を調べてみた。

2013年現在、工学部生が就職する職種は、コツコツタイプの"エンジニア"か、チャラチャラタイプの"コンサルタント"かに大別できる。バブル以前は、前者が95%だったが、現在は後者が増えて前者は70%にまで減っている。後者は給料が前者の1.5倍と高いし、油臭くなく、エリートっぽい。でも、上述のテストで技術職タイプと出たら、コツコ

あとがき

ツタイプの職種が良さそうである。現場の技術者のように"沈黙は金、雄弁は銀"の学生は、後者のチャラチャラ職業に就いたら"雄弁こそ金、沈黙はクビ"の環境に苦しむことになる。一方で、営業職タイプと出たらどちらでも構わない。エンジニアもチームで働くので、そのリーダになるべき人は、人間好きでないと苦しくなる。これには性格診断テストは有効そうであり、もっともらしい結果が出ている。

しかし、現在までの少人数の結果を見る限り、この性格と、"違和感"を嗅ぎ付ける能力とには、まるで相関はない。外向的だろうが内向的だろうが、性格に関係なく、違和感を抽出して創造性を発揮して素晴らしい製品を設計できる人はできる。できない人はできない。また、この性格と仕事の遂行能力（完成度を極める能力）との相関もない。前向きで積極的だけれど、仕事が進まない人はいる。しかし、性格にあった仕事を選択すると、無駄なストレスや軋轢を起こさずに、気持ちよく仕事ができて幸せになれるはずである。これは就職後、10年経たないと結果がわからないが……。

いずれにせよ、今や、性格やコンピテンシーのような精神的な評価まで、科学的に測ろうという時代になったのである。いやぁ、すごい。

■違和感は無意識のうちに脳の神経細胞に刻まれた記憶から生まれる

図1の性格判断結果を見ていると、結果の円グラフの出っ張った方向が、一人の人間の"人生の船出の方向"に見えてきた。現在の日本は、日本人のもつ長い歴史のなかで、最も豊かで最も平和な時代である。好きな教育を受けられ、好きな仕事に就き、好きな生活を選べる。しかし、それを享受するには「一体、自分は何がしたいのだろうか」という自問自答が不可欠である。

筆者は学部3年生向けに設計工学という講義を担当しているが、2013年は前述の性格診断テストを130名に受けさせ、その結果を用いて"30

あとがき

歳までの人生設計"のレポートを提出課題とした。要求機能として「仕事を楽しみたい」「金を稼ぎたい」「結婚したい」「余暇を楽しみたい」「海外に住みたい」などがあるが、筆者の若い頃は"会社"という設計解がすべての要求機能に影響していた。いわゆる会社人間である。妻は社内結婚でもらい、海外行きは会社（日立金属）が買収した現地子会社に赴任して実現した。ところが、今の若者にとっての会社は、「仕事を楽しみたい」という要求機能にしか影響しない。「金は株で稼ぎ、妻はサークルで見つけ、余暇にボランティアをして、海外に留学する」などをタイムシェアリングして同時進行させる忙しい若者もいる時代になった。正確には半数の若者がそうなった。しかし、残りの半数は、筆者のオジサン世代と同様に、「良い大学に入って良い会社に入れば幸せな人生が送れる」と信じている。東大生は20世紀型の勝ち組だからか。また、仲人が絶滅して"婚活"も大変になった現在、大学で見つけた彼女が新たな干渉を生んでいた。つまり、2割もの若者が、「彼女の住みたい町や彼女の仕事と干渉しないように、自分の会社も選ぶ」と言っているのである。筆者は、若者が自分の考えで設計解を書けることをとても素晴らしいことだと考える。たとえば、「お金は要求機能か設計解か」。これを考えさせるだけでレポートを課した意味がある。今の時代、人生でやりたいことを言葉で説明できる大人がどれだけいるのだろうか。普通の大人は、人生の船出の方向を自分で考えず、言葉で表せない無意識レベルの"運命"を根拠に決定しているのではないだろうか。

　もっとも、決定の根拠は、後でそれらしいのを調べれば、誰でもたくさん記述できる。情報機器の驚異的な発達によって、膨大な人間の知識が簡単に蓄積・検索できるようになった。たとえば、「Google＋インターネット」または「facebook＋お友達」という組合せ型の検索システムによって、日常生活の必要知識が簡単に入手できるようになった。近いうちに、セマンティック（言葉の意味のわかる）コンピュータが状況

を判断して、時々刻々に知っておくべき知識を自動表示してくれるようになるだろう。本書で述べている"類似性"を判断する能力は、コンピュータで代替できるのである。言語で説明できる意識レベルの概念は、数式を解くように、科学的、論理的に組み上げることができる。

　しかし、"違和感"はそうはいかない。"運命"と同じで、言葉で語れないし無意識レベルの微弱信号で決定される。しかも、前例がなく、データもないのだから、コンピュータでは代替できない。しかしながら、違和感を生む人間の脳は、巨大な記憶・検索システムである。無から何かを生んでいるわけではないから、どこかに有用なデータが存在するはずである。たとえば、人間は他人の話を聞きながら、経験にもとづいて話の先を予想し、予想した話と実際の話が合致すると理解したと判断して満足する。ぼーっとテレビを見ていても、頭は過去のデータを検索し、話の筋の展開を予想しているのである。たとえば、ハッピーエンドだろうと予想しているのに、最後に幸せな主人公が心臓発作で亡くなったら怒り出すだろう。つまり、理解とは"仮説立証"である。過去のデータから生まれた仮説が存在しなければ、理解や分析、論理的思考はできない。

　違和感は脳から出力されるのだから、無意識レベルの微弱信号かもしれないが、とにかく記憶データが仮説として働いているはずである。記憶ゼロの無から違和感は生まれない。たぶん、子供は好奇心が旺盛だが、そのときの好奇心の思考ルートが脳の神経細胞に刻まれているのであろう。天才はとにかく天啓のごとく違和感が湧き出てくる。きっと、彼の脳の神経細胞は、休眠状態のところまでビッチリと神経索が伸びているはずである。天才科学者の伝記でよくあるように、彼は刺激的な環境のなかに育ち、一人で深く考える少年時代を送ったのであろう。

　"直観"というのも、"違和感"の親戚である。記憶ゼロから直観は生まれない。論理的な思考ができる人が、論理をすっ飛ばして結論を出す

あとがき

と直観になる。羽生善治十九世名人(予定)が言っていたが、大山康晴十五世名人は老成してきたら先の手を読まなくなったらしい。将棋のプロならば100手先まで瞬時に読むらしいが、それをすっ飛ばして指すのである。これが直観である。しかし、読み落しが増えるから、名人であっても勝率が上がるはずがない。違和感も本来は、それが生じた理由を論理的に説明できるはずだが、それをすっ飛ばして五感で感じ取るのである。微小な変化なので、言葉で説明できない。

NHKの『100分de名著』という番組で般若心経を特集していた。釈迦の教えは「諸行無常」である。この世には最小単位の基本要素と、それらの因果則が存在する、という極めて科学的なストーリーを釈迦は説いた。しかし、大乗仏教の般若心経になると「色即是空」になった。それらの物質要素(色)はすべて実体がない状態(空)である、と釈迦の教えまで否定した。何と情緒的であろうか。これと同じように、"類似性"までは科学的であるが、"違和感"は情緒的である。たとえば、違和感を感じ取るため、5.3節で述べた中川先生の芸術教育では「物理も化学も機械も覚えてきた知識をすべて否定せよ」と教えるくらいだから、まったく非科学的である。違和感は色即是空に近いのではないだろうか。

最後に、般若心経は「ギャーテイ、ギャーテイ、ハラギャーテイ(羯諦羯諦波羅羯諦)」という呪文を唱えると、無意識に自らがもっていた"見えない力"が出てくるという。南無阿弥陀仏と同じで、唱えればよい。違和感もそんな類の感覚である。無意識レベルの微弱な記憶データが、見えない力として違和感の対象を教えてくれるのであろう。

日本人は、科学的・論理的な西洋文化に慣れ親しんでいるのに、多くの人が非科学的・情緒的な般若心経を唱え、写経する。そのような日本人だからこそ、もっと論理を超えた違和感を捉えて、失敗や成功を予想できるのではないだろうか。そうすれば、大きな失敗を防ぎ、面白い商品を生み出していくことが可能になる。

■結論：学び方を変えよう。自分の脳を信じて、自分で考えよう。

　2013年4月、今年もまた新しい修士1年と学部4年の学生が研究室に来た。修士論文や卒業論文は、世界で初めてという新規性と、人類の役に立つという進歩性が要求される。世界初なのだから、当然のこととして、誰も正解を教えてくれない。自分で考えるしか方法はない。大学に入るまでの受験勉強や、入った後の基礎教育で得た知識を総動員して、自分のストーリーを生み出さないとならない。これは大変なことである。

　世界初に挑戦すべきは学者の世界だけでなく、ビジネスの世界でも同じである。他人をマネしても、儲かる商品は生まれない。21世紀の日本は、20世紀の日本と違うのである。低成長時代だからといって手を抜くと、すぐに没落してしまう。世阿弥がいったように、学んで芸のレパートリーを増やしてタイムリーな興行を打ち、しかも、さらに新しい何かを作り出さないとすぐに飽きられてしまう。つまり、常に世の中の流れを感じ取って、舵取りしていかねばならない。これも大変なことである。

　新世代の若者たちは、自分を信じて学び方を変えるべきである。自分の脳に蓄積された微弱出力の知識を頼りに、自分で自分の答えを導こう。己が感じる"違和感"は結構正しいのである。スマホやiPadを脇に置き、本を閉じて自分の考えを紙に書いてみよう。1日に10分間、考えるだけで大きな違いが生まれる。そうすればそのうち自分の足下に埋まっている"地雷"も見えるようになる。自分が成功して喜ぶさまもイメージトレーニングしてみよう。正しい努力をしていれば、必ず、遠くない未来にはそれが実現する。

参考文献

(本体価格は 2013 年 5 月時点のものです)

[1] 『失敗百選—41 の原因から未来の失敗を予測する』(中尾政之、森北出版、2005 年、本体価格 3,600 円)

筆者が執筆した書籍のなかで、最も大きなエネルギーを割いたものである。新しい事故が起きても、たいていは、このケーススタディのなかから有用な類似例が見つけられる。有名な事例群を覚えれば、失敗防止のコンサルタントになれる。

[2] 『続・失敗百選—リコールと事故を防ぐ 60 のポイント』(中尾政之、森北出版、2010 年、本体価格 3,600 円)

失敗百選の"二匹目の泥鰌"を狙い、ソフトウェアや家電品、ビジネスの失敗を含めてケーススタディを行っている。本書の第 4 章のネタ本である。

[3] 『福島原発で何が起こったか—政府事故調技術解説』(淵上正朗・笠原直人・畑村洋太郎、日刊工業新聞社、2012 年、本体価格 1,400 円)

福島第一原発の事故について、技術的なことが最もわかりやすく理解できる本である。

[4] 『死の淵を見た男—吉田昌郎と福島第一原発の五〇〇日』(門田隆将、PHP 研究所、2012 年、本体価格 1,700 円)

福島第一原発の吉田所長と 1 号機のオペレータの奮闘がまるで見てきたかのように再現されている。

[5] 『証言 班目春樹—原子力安全委員会は何を間違えたのか?』(岡本孝司、新潮社、2012 年、本体価格 1,400 円)

班目先生が菅首相にいかに振り回されたのかがよくわかる。

[6] 『検証 東電テレビ会議』(朝日新聞社・奥山俊宏・小此木潔・木村英昭・杉本崇、朝日新聞出版、2012年、本体価格1,400円)
「協力会社がいないと消防車が動かせない」「バッテリー調達が遅れて事態が致命的になった」といった福島第一原発事故の裏で起きたさまざまな事情がよくわかる。

[7] 『福島原発事故はなぜ起ったか──政府事故調核心解説』(畑村洋太郎・安部誠治・淵上正朗、講談社、2013年、本体価格1,300円)
福島第一原発事故について、2013年現在までわかっていることの"まとめ"として最適である。

[8] 『カウントダウン・メルトダウン(上・下)』(船橋洋一、文藝春秋、2012年、本体価格1,600円(上下巻共通))
本書で特におすすめなのは、自衛隊の支援の様子(上巻)、アメリカ海軍やアメリカ原子力規制委員会と日本政府とのやりとりの部分(下巻)である。

[9] 『放射線医が語る被ばくと発がんの真実』(中川恵一、KKベストセラーズ、2012年、本体価格762円)
放射線の学者でなく、癌のお医者さんが書いたのでいっそうの真実味がある。

[10] 『あのとき、大川小学校で何が起きたのか』(池上正樹・加藤順子、青志社、2012年、本体価格1,500円)
三陸の小中学校ではすべて避難ができたのに、なぜ石巻市の大川小学校の生徒たちだけが逃げ遅れたのだろうか。その原因を探す本書のなかで明らかになるのは、教育委員会が情報の公開を拒んでいることが保護者の怒りの一

参考文献

因になっているという厳しい現実である。

[11] 『富士山宝永大爆発』(永原慶二、集英社、2002 年、本体価格 740 円)
　1707 年の富士山爆発後の社会を克明に記録している。日本人が農地を復活した記録でもある。

[12] 『今に伝わる"三井"商法の源流　町人考見録』(三井高房　原編著、鈴木昭一　訳、教育社、1981 年、本体価格 700 円)
　江戸時代の『失敗百選』である。大商人の没落をケーススタディして、奢侈と大名貸しがその原因であることを突き止めた労作である。

[13] 『100 分 de 名著　方丈記』(鴨長明、小林一彦、NHK 出版、2012 年、本体価格 524 円)
　『100 分 de 名著』のテキストは名著の手ごろな入口となる。災害ばかりの世の中で、人生の負け組の長明が隠居先の方丈庵で幸せを得る方法を説く。

[14] 『100 分 de 名著　般若心経』(佐々木閑、NHK 出版、2013 年、本体価格 524 円)
　諸行無常から色即是空へ(理系の論理から芸術系の直観へ)。呪文を唱えると見えない力が湧き上がる。般若心経の手ごろな入門書である。

[15] 『風姿花伝』(世阿弥　著、野上豊一郎・西尾実　校訂、岩波書店、1958 年、本体価格 480 円)
　足利時代も今も、「興行は、アッと驚くような、期待以上でタイムリーな作品が登場しないと成功しない」「出来が良くてもマンネリ化したものは売れない」のは同じだということがよくわかる。

[16] 『日本語が亡びるとき─英語の世紀の中で』(水村美苗、筑摩書房、

2008 年、本体価格 1,800 円)

　英語だけがインターネットの"普遍語"になることを論じた本である。グーテンベルクの印刷技術によって、新約聖書に用いられていたラテン語がヨーロッパの普遍語になったのと同じプロセスが現在、世界中で進行しているのである。「あらゆる知識は英語で得たほうが早い」ということが理屈立てて理解できる。

[17] 『石巻災害医療の全記録』(石井正、講談社、2012 年、本体価格 940 円)
　2013 年 5 月 25 日、筆者は石巻市を訪れた。宮城県はハザードマップを作るとき、東日本大震災(2011 年)と同程度の明治三陸地震(1896 年)の"大津波"ではなく、昭和三陸地震(1933 年)の"小津波"を基にした。このため、浸水予想区域が海岸や川岸に近い地域だけになり、東日本大震災では内陸の多くの人が避難を躊躇した。その結果、石巻市・東松島市・女川町の石巻医療圏の直接死＋関連死＋行方不明者は 6,000 名近くに上った。これは震災全体(21,000 名あまり)の 28％に当たる。筆者は旅行の最後、盛岡駅のさわや書店(さすが震災の地元で、本棚 2 つに震災関連の本が詰まっていた)でこの本を買った。石井先生は、石巻赤十字病院の外科医で、石巻医療圏の災害医療コーディネータでもあった。筆者も本書で"実戦"訓練の必要性を述べたが、石井先生も"リアル"な訓練の必要性を強調している。震災直後はまるで野戦病院で、震災 3 日目は 63 機のヘリが飛来し、トリアージで流れ作業のように 1,251 名を処置した。救急医療の医学部教授の話だと、お粗末だった阪神淡路大震災(1995 年)時の対応を反面教師にして、日本の災害医療は進歩したそうである。もしそうでなかったら、あと 500 名は死者が増えただろう。石井先生にとって、震災から 48 時間も経てば激減するはずの救急患者が、6 カ月後まで続いて長期戦を強いられたことは想定外であった。こうなったのは地元を離れずに多くの市民が悪環境の避難所に住んでいたためである。それでも延べ 3,633 チーム／日の医療従事者が日本中から集まって対処し続けた。日本もまだ捨てたものではない。

索　引

［英数字］

1 号機　　87, 90, 93
2 号機　　96, 121, 122
3 号機　　120
AH1000　　127
ANSYS　　147
ARDS　　154
B.5.b　　105, 125
Beyond Design Basis　　126
Bq　　113, 114
BWR　　73
CPU　　135
Early Vent　　109
ECCS　　79
e-learning　　52
Fail As Is　　87
Fail Close　　87, 118, 136
GDP　　4
HPCI　　76
IAEA　　79
IC　　76
INES　　113
INPO　　79, 109
iPhone　　54
JR 東海の東海道新幹線　　119, 134
LOCA　　124
MSIV　　93
MUWC　　95
NET＊ASK　　173
NHK　　35, 43, 82, 106, 108
NRC　　126
NTSB　　156
OXO　　169
PHS　　44
PWR　　74
RCIC　　76
RHR　　76
S/C　　77
SENZ　　169
SPEEDI　　84
SPI　　178
SRV　　77
Sv　　112, 114
TDK 製の加湿器　　vi

［あ　行］

相性　　86
アカウンタビリティ　　64
アカハラ　　iii
赤福　　37, 152
秋入学でグローバル化　　51
アクシデント・マネジメント　　97, 104, 106
朝日新聞社　　81
足切り　　36
圧縮空気　　99
アップル　　54
圧力容器　　77
圧力抑制室　　77, 97
アニメータ　　61
アベイラブル　　29
アポロ 13 号　　116
アメリカ直輸入　　78

索 引

アメリカの海軍　97
アローヘッド　142
安全衛生管理室　vi, 27, 44
安全週間　32
安全神話　152
安全設計審査指針　105
安全弁　68, 107
石川迪夫　117
言った者勝ち　20
猪瀬直樹　156
イメージトレーニング　44
いろはす　171
違和感　48, 57, 58, 163, 171, 173, 175, 181
　——をもった変人　53, 163
隕石　36
インターロック　94, 136
インフラのメンテナンス　154
インフルエンザ　152
ウェットベント　70, 115
ウェル　96
ウラン235原子　73
英仏海峡トンネルの火災事故　119
エイリアス　142
エポキシ接着剤　155
塩素消毒神話　152
オイスタークリーク原発　87
桶川ストーカー事件　iii
汚染水　102, 113
女川　68

[か 行]

加圧水型原子炉　74, 92
階級闘争モデル　27
格納容器　77

核反応　90
核分裂　73
隔離時冷却系　76, 92, 95
"陰"のプログラム　136
加工貿易主義　9
過剰避難　111
ガス遮断機　88
仮説立証　181
カックロ　138
活断層　38
稼働率　36, 37
門田隆将　83
家僕　7
関西電力美浜原発2号機　85
干渉設計　107
管直人　83
技術者倫理　64
期待以上の成功　160, 169
急所　34
教育方法　165
競争第一主義　60
協力　62
キリン　96
緊急炉心冷却装置　79
金麦　172
空気遮断機　88
グーグルマップ　135
草加浩平　176
グッドデザイン大賞　168
駆動媒体　75
クリエーター　55
クルツ・アルバイト　28
クルトガ　172
経営者悪人説　37
芸術　166

189

索　引

経常収支　13
結果オーライ　6, 43
月給分布　21
ケーブル　91
減圧操作　70
原子力安全委員会　41
原子力規制委員会　97, 105, 126
原子力空母　127
原子力発電運転協会　79
減速材　75
建築診断士　46
現物合わせ　86
高圧注水系　76, 121
高圧注入系　95
高圧冷却系　68
工学教育　166
工学部のボヤ　45
高級職人の国　53
工業デザイナー　55, 167
厚生労働省　23, 27
高速中性子　73
高置水槽　34
交流電源　78
国際原子力機関　79
国際収支　12
国鉄の蒸気機関車　86
国内生産高の比率　10
国内総生産　4, 12
極楽トンボ　61, 176
護送船団　6, 141
国会事故調　90, 115, 118
小普請組　28
小弁　100
コンピテンシー　63, 178
コンピュータと複雑設計　135

コンプライアンス　18

[さ　行]

災害訓練　43
再臨界　73
笹子トンネルの天井板落下事故　155
座席予約　138
殺菌神話　152
三種の神器　9, 11
三陸大津波　2
残留熱除去系　76, 93, 101
閾値　38
自己変革　ⅴ, 29
システムダウン　139
実戦訓練　44
『失敗百選』（書名）　141
"死に様"試験　40
シーベルト　112
清水正孝　83
シミュレーション　144
シミュレータ（原発）　93
社会連携講座　49
ジャパン・ブランド　18
十円盤　90
従業員数　23
秀才と天才　161
就職活動　ⅳ
受験勉強の点取り屋根性　58
主蒸気隔離弁　93
寿命　39
循環冷却系　68, 101, 110
消火系　77, 95, 104
貞観地震　105
蒸気発生器　74

索　引

正直　17, 21, 65
商品プランナー　55
消防車　70, 96
常用パワーセンタ　91
勝利の方程式　68, 102
所得収支　12
ジョン・バリー　152
地雷　iv, 34, 37, 40, 45, 142
シリコンゴム製のシール　94
ジルカロイ　73
ジルコニウム　74
人生設計　180
深層防護　126
人足　7
心理的障壁　161, 171
水蒸気爆発　75
水素爆発　74, 94
スティーブ・ジョブス　55
スペイン風邪　153
スマホ　172
擦り合わせ　86
世阿弥　160, 181
性格診断テスト　57, 175
正規社員　21
制御棒　73
生産文化の伝道師　18
政府事故調　82, 101, 124
ゼオライト　102
セシウム　102, 113
設問(1)のつまみ食い　162, 166
セマンティック　180
攻めの失敗学　174
ゼロサムゲーム　25
創造性　56, 177
想定外　32, 36

送電線の鉄塔　88
相馬藩　2, 82
『続・失敗百選』(書名)　141

[た　行]

対外純資産　14
ダイセル化学の工場の事故　148
大富豪　15
大名貸し　16
炭化ホウ素　73
短時間労働者　24
チェルノブイリ　75, 110, 113
地産地消　9
縮み思考　5
中越沖地震　124
中央研究所　49
中華航空のエアバス墜落　146
中間層の復活　22
調達チーム　100
『町人考見録』(書名)　16
超臨界　73
直流電源　78, 89, 99
直観　181
つい、うっかり　32
敦賀1号機　87, 118
低圧冷却系　68
低所得者層　25
低成長時代　4
停電　147
デジタル化　79
手の匠　173
テレビ会議(東電)　81, 96, 100, 109, 117, 121, 123
テロ攻撃　105
電源喪失　68, 163

191

索 引

伝言ゲーム　85
天地返し　2
ドイツ　54
東海　68
東京証券取引所　142
東大工学部のメタンガス漏出　123
東電　35
　　——の報告書　81, 120
　　——のホームページ　81
特任教員　60
トヨタ　10

[な 行]

内部告発　64
中川恵一　111
中川聰　163
中日本高速道路　155
ナノ（タタ製）　135
南明興産　45, 122
二酸化炭素　7
西和彦　175
日経コンピュータ　139
二宮尊徳　2, 82
日本科学技術連盟　50
日本機械学会　131
日本経済　12
日本経済新聞　26
日本触媒の姫路製造所　150
日本人の仕事　17
日本人の比率　10
熱応力　93
熱効率　72
熱中性子　73
熱媒体　75
年間収入分布　24

年功序列　22
年俸制　26, 28
燃料切れ　122
燃料ペレット　73
燃料棒のプール　96
年齢階級　21, 23
逃がし安全弁　77, 93, 97, 101
ノーマル・クローズ　99, 107

[は 行]

ハインリッヒの法則　33, 37
畑村洋太郎　iii, 5, 82
バッテリー　100
パナソニックの石油暖房機　vi, 40
浜岡原発　93
原町火力発電所　72
パンデミック　152
ハンドル　95
般若心経　181
東日本大震災　32
火消しより火の用心　47
非常用ディーゼル発電機　89
非常用復水器　76, 87, 91, 117
非正規社員　21, 25, 45
避難訓練　44
広島　110
品質月間　32
ファイヤーボール　76, 150
フォー・ウェイ・ストップ　148
福岡市職員の飲酒運転　iii
複雑設計　134
福島第一　40, 68
福島第二　68
復水器　72
復水貯蔵タンク　122

索　引

復水補給水系　95
富士山の宝永大噴火　2
富士通　142
豚の鼻　118
淵上正朗　82
沸騰水型原子炉　73, 92, 95
船橋洋一　97
ブレードレスファン　163
ブローアウトパネル　123
文系出身の役人　46
文明堤　2
ベローズ　112
ベント　77
　──弁　68, 107, 109
ヘンリー・クーパー Jr　116
保安院　46, 83, 105, 113
　──のシミュレーション　124
　──の報告書　81
貿易収支　12
崩壊熱　107
ホウ酸　73
放射能　77, 112
方丈記　8
補給されているはず　123
北陸トンネルの火災事故　119
ボストンの高速道路　156
ホットスポット　112
ホテルの予約システム　137

[ま　行]

マイスター制度　27, 54
まさか　vii, 32, 160
班目春樹　41, 83, 84
松本元　167
三池炭鉱の炭塵爆発事故　38

みずほ銀行の勘定系トラブル　141
未成年飲酒禁止法　iii
三菱東京 UFJ 銀行　141
無過失責任　46
メルトダウン　75, 79

[や　行]

やかんと風車　72
有期雇用　26
雪印乳業の集団食中毒事件　37, 151
"ユレーヌ"選手権　145
『夜明け前』(書名)　iv
要求機能　168
予見不可能　32
吉田昌郎　41, 69, 83, 97
ヨットレース　146
予定調和の訓練　43

[ら　行]

ラプチャー・ディスク　108, 109
ランキング(大学)　51
リスクとチャンス　19
リスクとベネフィット　39
りそな銀行の統合 ATM　139
リレーコンピュータ　140
類似性　161, 173, 181
冷温停止　68, 89
冷却材　75
冷却水喪失事故　124
冷凍神話　152
連鎖反応　73
労働行政の舵取り　21
ロシア・チェリャビンスク　36
ロボット(原発用)　43

193

●著者紹介

中尾　政之（なかお　まさゆき）

東京大学大学院　工学系研究科　機械工学専攻　教授

1958年　生まれ
1983年　東京大学大学院　工学系研究科　産業機械工学専攻
　　　　　修士課程修了
同　年　日立金属株式会社勤務
1989年　HMT Technology Corp.に出向
1992年　東京大学大学院　工学系研究科　産業機械工学専攻　助教授
2001年　東京大学　工学部　附属総合試験所　教授を経て、2006年より現職

専門はナノ・マイクロ加工、加工の知能化、科学器械の微細化、失敗学

「つい、うっかり」から「まさか」の失敗学へ

2013年6月27日　第1刷発行

著　者　中　尾　政　之
発行人　田　中　　健

検印省略

発行所　株式会社　日科技連出版社
〒151-0051　東京都渋谷区千駄ヶ谷5-4-2
電　話　出版　03-5379-1244
　　　　　営業　03-5379-1238〜9
振替口座　東　京　00170-1-7309

印刷・製本　東港出版印刷㈱

Printed in Japan

© Masayuki Nakao 2013
ISBN978-4-8171-9480-0
URL http://www.juse-p.co.jp/

本書の全部または一部を無断で複写複製（コピー）することは、著作権法上での例外を除き、禁じられています。